Bismillāhir-Rahmānir-Rahīm

In the name of ALLAH,
the Most Compassionate, the
Most Merciful.

THE SUFI
KNOWLEDGE

KHWAJA
SHAMSUDDIN
AZEEMI

ISBN: 9798354425792

اصطلاحاتِ تصوّف

The Sufi Knowledge

Translated by

Evergreen Readers and Writers

Edited by

Robert Forstag

Reviewed by

Muraqaba Hall Canada

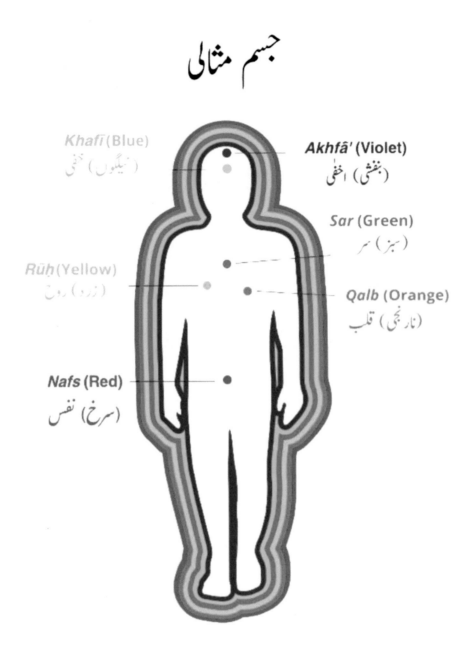

جسم مثالی

Khafī (Blue)
(نیلگوں) خفی

Akhfâ' (Violet)
(بنفشی) اخفٰی

Sar (Green)
(سبز) سر

Rūḥ (Yellow)
(زرد) روح

Qalb (Orange)
(نارنجی) قلب

Nafs (Red)
(سرخ) نفس

Jism-i-Misālī

Origin of Thoughts
Subtlety
Thought
Perception
Formation of Image
Material Manifestation

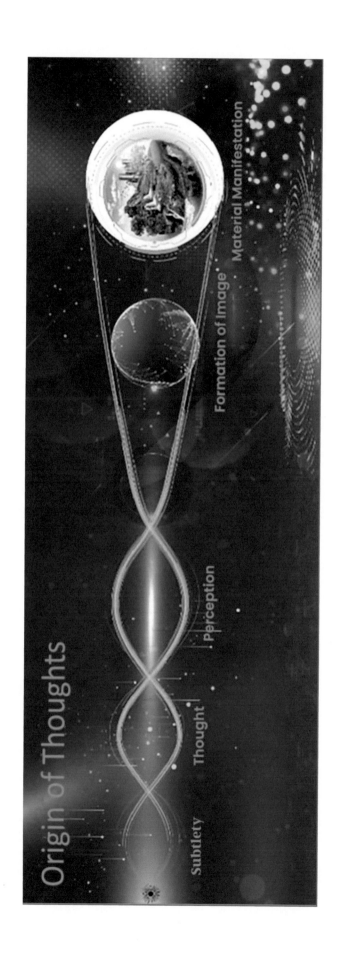

Foreword

This book is a meticulously curated collection of spiritual terms derived from *Lauh-o-Qalam*, authored by the esteemed founder of the Sufi Order Azeemia, Hazrat Qalandar Baba Auliya (*Ral.*). Under the guidance of our revered teacher, Hazrat Khwaja Shamsuddin Azeemi, *Murshid* of the Sufi Order Azeemia, we were directed to translate the essence of these terms into English while preserving the original terminology, ensuring that their meanings are conveyed clearly and comprehensively.

To achieve this, we extensively referred to the book *Sharāh Lauh-o-Qalam* by *Murshid-e-Karim* to meticulously extract and present the definitions in a manner that is easy for readers to follow and comprehend. These terms are presented here in *Roman Urdu*, preserving their original essence and terminology, allowing readers from diverse linguistic backgrounds to engage with these spiritual concepts—whether for research, discussion, or personal reflection. This book aims to serve as a foundational reference for readers of Sufi literature.

Given the research-intensive nature of this work, our team has devoted significant effort to presenting the details in a manner that is both simple and impactful

Hazrat Khwaja Shamsuddin Azeemi, despite his demanding schedule, graciously reviewed this work and granted his approval for its publication. We extend our heartfelt gratitude for his invaluable guidance throughout this journey.

Muhammad Kamran Alam Azeemi

Table of Contents

Table of Contents

Table of Contents

Table of Contents

Table of Contents

Table of Contents

x

Table of Contents

Pronunciation guide

HTTPS://WWW.AZEEMIA.CA/SUFITERMS

slq.feedback@gmail.com

A

Ādmī

Ādmī (man) can be seen as a garment woven from the yeast present in human blood, becoming sperm and ultimately a body of clay. This metaphor suggests humans and all creations are garments of decaying dust. The "clay garment" symbolizes our earthly existence, emerging from disobedience in heaven. Doubt, insinuation, illusion, and change are key traits of this metaphorical garment.

آدمی

آدمی لباس ہے جو خون کے اندر موجود خمیر سے بنتا ہے۔ خون میں سے خمیر باہر آتا ہے تو اسے سپرم یا نطفہ کہتے ہیں۔ نطفہ مختلف حالتوں سے گزر کر مٹی کے قالب میں ظاہر ہوتا ہے یعنی آدمی اور زمین پر آباد مخلوقات تعفن زدہ بجنی مٹی سے بنا ہوا لباس ہیں۔ مٹی کا لباس جنت میں نافرمانی کے نتیجے میں ظاہر ہوا۔ اس لباس کی خصوصیت شک، وسوسہ، الوژن اور تغیر ہے۔

Āʿyān

In the language of *Rūḥānīyat*, *Āʿyān* refers to the subconscious. For a thought to become manifest, it must pass through three spheres:

1. *S̲ābtah*
2. *Āʿyān*
3. *Javayya*

Āʿyān contains the instructions of all the characters that come into existence. It is also termed as *Rūḥ Insānī*.

اعیان

روحانی زبان میں لاشعور کو اعیان کہتے ہیں۔ خیال کو مظہر بننے کے لئے تین دائروں میں سفر کرنا پڑتا ہے۔

۱۔ ثابتہ

۲۔ اعیان

۳۔ جویّہ

اعیان میں وہ احکامات درج ہیں جو زندگی کا کردار بنتے ہیں۔ اعیان کا اصطلاحی نام روح انسانی ہے۔

A

Āʻrāf

Āʻrāf is the realm one enters upon departing from this mortal world. For instance, when an individual dies in the *ʻĀlam-i Nāsūt* (mortal world), they are born into the realm of *Āʻrāf.*

اعراف

کوئی بندہ جب مرتا ہے تو دراصل وہ ایک زون سے نکل کر دوسرے زون میں پیدا ہوتا ہے۔ مثلاً ایک آدمی جب عالم ناسوت میں مرتا ہے تو عالم اعراف میں پیدا ہو جاتا ہے۔

Āfāq

When human consciousness is attentive to *Vāhmah* (subtlety), *Khayāl* (thought), and *Taṣavvur* (perception), it is directed towards *Nasmah Mufrad*. As it moves beyond *Vāhmah, Khayāl, Taṣavvur* and enters the realms of *Eḥsās*(feelings and sentiments), consciousness is introduced to *Nasmah Murakkab*. We can then say that the process of becoming aware of changes in consciousness is, in itself, what defines consciousness. In other words, consciousness exists within the moment, and each moment is constantly changing. This change is referred to as *Āfāq* in the *Holy Qur'ān*.

آفاق

جب انسانی شعور واہمہ، خیال اور تصوّر کی طرف متوجہ ہوتا ہے تو اس کا رخ نسمہ مفرد کی طرف ہوتا ہے اور جب واہمہ، خیال، تصوّر سے نکل کر ہم محسوسات کی حدود میں داخل ہوتے ہیں تو شعور نسمہ مرکّب سے متعارف ہوتا ہے۔ اب ہم یوں کہیں گے کہ شعور کے تغیر سے واقف ہونے کا عمل ہی شعور ہے۔ یعنی شعور کی ہستی اس لمحے کے اندر بند ہوتی ہے جس لمحے کے اندر ہر آن تغیّر ہے۔ قرآن پاک میں اس تغیّر کا نام آفاق ہے۔

A

Abdā'

The first stage of the cosmos's formation occurred without the use of any resources. This stage, where the existence of individuals in the universe required no resources, is called *Abdā'*. It marks both the beginning of the cosmos and the first division of its administration. Essentially, the cosmos came into being in a way that rendered resources irrelevant. Allah said, "*Kun*," and the cosmos came into existence.

ابداء

کائنات کا پہلا مرحلہ اس طرح وجود میں آیا کہ کائنات کی موجودگی میں وسائل کا دخل نہیں ہے۔ بغیر اسباب و وسائل کے افراد کائنات کی موجودگی کے شعبے کو ابداء کہتے ہیں۔ یہ کائنات کا آغاز بھی ہے اور کائناتی انتظام کا پہلا شعبہ بھی یعنی کائنات اس طرح وجود میں آئی کہ وسائل زیر بحث نہیں آئے۔ اللہ تعالیٰ نے جب کُن فرمایا تو کائنات وجود میں آگئی۔

Am'ā', Mā'

In Arabic terminology, the term *Am'ā'* refers to a form of negativity that transcends human intellect. It is devoid of any discernible features. *Mā'*, on the other hand, signifies positivity in the Arabic language. Despite its lack of distinct features, it is perceivable by the human mind.

امعاء، ماء

امعاء عربی اصطلاح میں ایسی منفیت کو کہتے ہیں جو عقل انسانی سے ماوراء ہے۔ امعاء میں خدوخال نہیں ہوتے۔

ماء عربی میں مثبت کو کہتے ہیں۔ خدوخال کے نہ ہونے کے باوجود عقل انسانی اس کا ادراک کر سکتی ہے۔

A

Asmā'e Ilāhīyah

Asmā'e Ilāhīyah means The Divine Names of Allah, which represent the attributes of Allah through which He created the cosmos. We can explain it this way: all creative formulas are, in fact, the attributes of the Eternal. The first revelation in the Divine Names of Allah is that Allah exists as the Omniscient. In this capacity, His knowledge is unparalleled, and He has not shared this exclusive Knowledge with any individual. As the Omniscient, Allah has reserved His Knowledge and Attributes solely for Himself. No human intellect, not even the greatest advancement of human understanding, can in any way conceive of this Divine Knowledge.

اسمائے الٰہیہ

اسمائے الٰہیہ اللہ تعالیٰ کی وہ صفات ہیں جن صفات سے اللہ تعالیٰ نے کائنات کو تخلیق کیا ہے۔ ہم اس بات کی وضاحت اس طرح کرتے ہیں کہ تمام تخلیقی فارمولے اللہ تعالیٰ کی صفات ہیں۔

اسمائے الٰہیہ میں پہلا تنزل یا اللہ کی صفات کا پہلا تعارف یہ ہے کہ اللہ بحیثیتِ علیم کے موجود ہے اور بحیثیتِ علیم کے اس طرح موجود ہے کہ اس علم میں اللہ کا کوئی ثانی نہیں اور نہ ہی اللہ نے اپنے اس خصوصی علم کو کسی فرد سے روشناس کرایا ہے۔ بحیثیتِ علیم اللہ نے اپنے علم اور اپنی صفات کو اپنے لئے مخصوص کر لیا ہے۔ انسان کا ادراک یا بڑی سے بڑی پرواز بھی اللہ کے اس علم کا کسی طرح تصور نہیں کر سکتی۔

A

Asmā'e Iṯlāqīyah, Asmā'e 'Ainīyah, Asmā'e Konīyah

When Allah created the cosmos, He commanded, "*Kun*." At that moment, His attribute *Ar-Rahīm* (The Compassionate) was set into motion, giving form and shape to all individuals, elements, and particles. This state has been termed *Asmā'e Iṯlāqīyah* by Hazrat Qalandar Baba Auliya (*Ral.*)

Following the command "*Kun*," creatures were unaware of their own existence, current state, or future direction. They were enveloped in a state of absorption and astonishment. This atmosphere of profound astonishment is termed *'Ainīyah*.

When Allah wished to end the state of absorption and astonishment in His creatures, He addressed every form of existence, saying:

"Recognize, I am your Lord." The souls responded, "Yes, our Lord, we have recognized You."

With this acknowledgment, the attribute of *Ar-Rahīm* (The Compassionate) descended from *Asmā'e 'Ainīyah* to *Asmā'e Konīyah.*

اسمائے اطلاقیہ، اسمائے عینیہ، اسمائے کونیہ

جب اللہ تعالیٰ نے کائنات بنائی اور لفظ "کُن" فرمایا اس وقت اللہ تعالیٰ کے اسم رحیم کی قوت تصرّف نے حرکت میں آکر کائنات کے تمام افراد، تمام اجزاء اور تمام ذرّوں کو شکل وصورت بخش دی۔ اس حالت کو حضرت قلندر بابا اولیاءؒ نے اسم اطلاقیہ کا نام دیا ہے۔

"کُن" کہنے کے بعد موجودات کو علم نہیں تھا کہ میں کون ہوں؟ کہاں سے آیا ہوں اور کہاں جانا ہے؟ ایک حیرت کا عالم تھا۔ اس حیرت کے عالم کو عینیہ کہا جاتا ہے۔

جب اللہ تعالیٰ نے محویت اور حیرت کو ختم کرنا چاہا تو موجودات کو خطاب کر کے فرمایا۔

"پہچان لو، میں تمہارا رب ہوں"۔

روحوں نے جواباً کہا "جی ہاں۔ ہم نے پہچان لیا"۔

جب اللہ تعالیٰ کا اعتراف کرلیا تو صفت رحیم کی حیثیت اسم عینیہ سے تنزّل کر کے کونیہ ہوگئی۔

B

Badā'at

When the Divine Names seek to manifest within the attributes of Allah, a movement arises within them, causing the colour of decrees to become dominant. This predominance of the colour of decrees is referred to as *Badā'at* in *Taṣavvuf.*

بداعت

اسمائے الٰہیہ جب اپنے آپ کو اللہ کی صفت میں ظاہر کرنا چاہتے ہیں تو ان کے اندر حرکت پیدا ہوجاتی ہے اور ان کے اندر احکام کا رنگ غالب ہوجاتا ہے۔ احکام کا رنگ غالب ہونا تصوف میں "بداعت" ہے۔

Bait-ul-Ma'mūr

Bait-ul-Ma'mūr is a lofty realm situated below *Sidrat-ul-Muntahá.*

بیت المعمور

سدرۃ المنتہیٰ سے نیچے ایک اور بلندی بیت المعمور ہے۔

Barzakh, 'Ālam-i Ā'rāf, Laṭīfah Rūḥī

Laṭīfah Rūḥī is a veil that separates ascending and descending movements. This realm is referred to as either *Ā'rāf* or *Barzakh*. Before descending onto the earth, the realm or veil where one resides is called *Laṭīfah Rūḥī,* also known as *Barzakh*. After the completion of one's time in this world, when the ascending movement begins, the veil where one resides is called *'Ālam-i Ā'rāf.*

برزخ، عالم اعراف، لطیفہ روحی

لطیفہ روحی صعودی اور نزولی حرکت کے درمیان ایک پردہ ہے۔ اس عالم کو اعراف یا برزخ کہتے ہیں۔ نزول سے زمین پر آنے سے پہلے جس عالم یا جس پردے پر قیام ہوتا ہے وہ پردہ لطیفہ روحی ہے۔ اس کو برزخ کہتے ہیں۔ مظہر کے بعد جب صعودی حرکت شروع ہوتی ہے تو بیچ میں ایک پردہ آتا ہے اس کو عالم اعراف کہتے ہیں۔

B

Bu'd

The creation of the cosmos is shaped by the establishment of limits through the forces of attraction and repulsion. The boundaries of X and Y are determined by these forces acting within them. In *Taṣavvuf*, these forces of attraction and repulsion are referred to as *Bu'd*.

بُعد

کائناتی تخلیق میں حدوں کا تعین، گریز اور کشش کا عمل دخل ہے۔ زید کی حدود کا تعین، بکر کی حدود کا تعیّن، زید میں کشش و گریز، بکر میں کشش و گریز کو تصوّف میں بُعد کہا گیا ہے۔

F

Fataḥ

Within a human, there operates an ordinary consciousness, and contrary to this, there exists a level of consciousness that is 60,000 times more perceptive than common awareness. In *Taṣavvuf*, this heightened perception is referred to as *Fataḥ*. A *Sālik* must traverse many stages to enter "*Fataḥ*." As they progress along the path of spiritual practice, their conscious awareness gradually accelerates. Through accumulated practice, the speed of their consciousness steadily increases, eventually reaching the state of "*Fataḥ*".

As the *Sālik's* consciousness advances towards the "black dot," it expands, and its velocity increases proportionally. This speed can amplify up to 60,000 times that of ordinary consciousness. At this stage, angels appear before the *Sālik's* eyes. When a person attains the station of *Fataḥ*, their vision broadens so extensively that they can perceive, with open eyes, the events from eternity to eternity, and they comprehend them fully.

فتح

انسان کے اندر ایک عام شعور کام کرتا ہے اور عام شعور کے برعکس اسکے اندر ایک ایسا شعور کام کرتا ہے جو ادراک یا عام شعور سے ساٹھ ہزار گنا ہے۔ تصوّف میں اس ادراک کو فتح کہتے ہیں۔ سالک کو فتح میں داخل ہونے کے لئے کئی منازل سے گزرنا ہوتا ہے۔ سالک سلوک کے راستے پر سفر کرتا ہے تو عام شعور سے سفر کرتا ہے۔ عام شعور میں رہتے ہوئے طرح طرح کی مشقیں کرتا ہے ان مشقوں سے شعور کی رفتار بتدریج زیادہ ہوتی رہتی ہے۔ یہ رفتار بہتر ہوتے ہوتے فتح تک پہنچ جاتی ہے۔

یہ ساری منازل سیاہ نقطے کا ادراک ہیں۔ جیسے جیسے سالک سیاہ نقطے کے قریب ہوتا جاتا ہے اسی مناسبت سے وسعت پیدا ہوتی ہے اور وسعت میں اضافے کے ساتھ شعور کی رفتار میں اضافہ ہوتا رہتا ہے۔ اور یہی رفتار بڑھ کر ساٹھ ہزار گنا ہوجاتی ہے اور جب کسی بندے کے اندر شعوری رفتار ساٹھ ہزار گنا ہوجاتی ہے تو اس کے سامنے فرشتے آجاتے ہیں۔ فتح کے حامل بندے کی بصیرت اتنی وسعت اختیار کرلیتی ہے کہ وہ ازل سے ابد تک کے معاملات کو کھلی آنکھوں سے دیکھتا اور سمجھتا ہے۔

Ghaib-ul-Ghaib, Zamānah Ḥaqīqī

Serial time, non-serial time, and *Zamānah Ḥaqīqī* (Real Time) are three types of time. Serial time refers to the sequential framework in which we live our lives in the mortal world. Within this modality, the senses are continuously distributed and divided with each moment and state. Every step of life represents a change, with each moment distinct from the other. The transition from one step to the next represents change, and there is a distance between each step.

Non-serial time is the realm of angels, which is referred to as the unseen (*Ghaib.*) When a person moves beyond the conscious world (i.e., serial time) and enters the subconscious realm, the unseen becomes unveiled, and the realm of angels appears before them. Our consciousness remains unaware of the moments within the unseen realm, yet the soul remains fully aware of them.

Ghaib-ul-Ghaib refers to the real time—*Zamānah Ḥaqīqī*—which is infinite rather than finite. Opposite to infinity is finiteness. The essence of every finiteness is known as knowledge, and it is this knowledge that seeks and explores within infinity. The essence of knowledge is inherently driven to discover the light of the infinite. As it continues its search, the moment it encounters that light, it absorbs it within itself. *Zamānah Ḥaqīqī* is the Divine Realm, also referred to as *Ghaib-ul-Ghaib*.

غیب الغیب، زمانہ حقیقی

زمان متواتر، زمان غیر متواتر اور زمان حقیقی تین زمانے ہیں۔ زمانہ متواتر وہ زمانہ ہیں جس میں ہم زندگی گزار رہے ہیں اس زمانے میں حواس ہر آن ہر لمحہ تقسیم ہو رہے ہیں۔ ہماری زندگی کا ہر لمحہ متغیر ہے۔ ایک قدم کا دوسرے قدم میں جانا ایک تغیر ہے اور ایک قدم کے بعد دوسرا قدم فاصلہ ہے۔

زمان غیر متواتر فرشتوں کی دنیا ہے جس کو اصطلاح میں غیب کہا گیا ہے۔ شعوری دنیا (زمان متواتر) سے نکل کر بندہ جب لاشعوری دنیا میں داخل ہو جاتا ہے تو اس پر غیب منکشف ہو جاتا ہے اور فرشتوں کی دنیا سامنے آجاتی ہے۔ عالم غیب کے لمحات سے ہمارا شعور ناواقف ہے لیکن روح آگاہ رہتی ہے۔

غیب الغیب زمانِ حقیقی ہے۔ اس لاتنہایت کے مقابل تنہایت ہے۔ ہر تنہایت کی ماہیت کو علم کہا جاتا ہے۔ یہی وہ علم ہے جو لاتنہایت کے اندر تجسس کرتا ہے۔ علم ایک ایسی ہستی ہے جو افہام و تفہیم میں لگی رہتی ہے۔ علم کی ہستی لاتنہایت کی روشنی معلوم کرنے میں دلچسپی رکھتی ہے۔ علم کی ہستی تلاش کرتے کرتے جس روشنی کو پالیتی ہے، اس کو اپنے اندر جذب کرتی ہے۔ زمانہ حقیقی عالم الٰہی ہے جس کو غیب الغیب کہتے ہیں۔

H

Ḥaqīqat-ul-Ḥaqā'iq, Ḥaqīqat-i Muhammadi(PBUH)*, Shu 'ūr Avval*

In *Rūḥānīyat,* the most vital source of credibility is the "*Shu'ūr Avval*" (the first level of consciousness), as it encompasses the revelation of Divine Will, which is devoid of error. The consciousness in which Divine Wisdom is unveiled is called *Ḥaqīqat-ul-Ḥaqā'iq*. This very consciousness is also termed *Ḥaqīqat-i Muhammadi* (PBUH). The Holy Prophet Muhammad (PBUH) was the first among the Prophets to become familiar with the *Shu'ūr Avval.*

حقیقت الحقائق، حقیقت محمدی صلی اللہ علیہ وآلہ وسلم، شعور اوّل

روحانیت میں اعتماد کا سب سے اہم ذریعہ "شعور اوّل" ہے کیونکہ شعور اوّل میں مشیت الٰہی کا انکشاف ہوتا ہے اور مشیت الٰہی کے انکشاف میں کسی غلطی کا امکان نہیں ہوتا۔ مشیت الٰہی جس شعور میں بے نقاب ہوتی ہے اس شعور کو "حقیقت الحقائق" کہا جاتا ہے۔ اسی شعور کو "حقیقت محمدیہ" بھی کہتے ہیں۔ شعور اوّل سے سب سے پہلے انبیا کرامؑ کی صف میں حضور صلی اللہ علیہ وآلہ وسلم متعارف ہوئے۔

Ḥijāb-i Maḥmūd

Ḥijāb-i Maḥmūd represents the highest elevation of *'Arsh*, marking its ultimate peak. Human beings possess the discernment to attune themselves to this exalted state, enabling them to perceive the manifestations and attributes of Allah within it.

حجاب محمود

حجاب محمود عرش کی بلندی ہے۔ وہ بلندی جس کو عرش کی انتہا کہا جاسکتا ہے۔ انسان کے اندر اتنا ادراک موجود ہے کہ وہ حجاب محمود کی تفہیم کا خود کو خوگر بنا سکتا ہے اور حجاب محمود میں اللہ کی تجلیات اور صفات کو سمجھ سکتا ہے۔

H

Ḥurūf Muqaṭṭa‘āt

‘Ilm-ul-Qalam is divided into two parts: *Asmā’e Ilāhīyah* and the *Ḥurūf Muqaṭṭa‘āt* (encoded letters). *Ḥurūf Muqaṭṭa‘āt* are mentioned in the *Qur’ān*, such as “*Alif Lām Mīm*”, and “*Kāf Hā Yā Ayn Sād*”.

حروف مقطعات

علم القلم کو دو حصّوں میں تقسیم کیا جاتا ہے، ایک حصّہ اسمائے الٰہیہ ہے اور دوسرا حصّہ مقطعات ہیں جیسا قرآنِ پاک میں ”الم، کھیعص“ ہے۔

'A

'Ain-ul-yaqīn , Ḥaqq-ul-yaqīn

In the direct manner of seeing, the cosmos manifests as a singular point. Within this point exists not only the cosmos itself, but also what lies beyond it. This perception is known as 'Ain-ul-yaqīn. However, when the reality beyond the cosmos is also encompassed within this point, it is referred to as Ḥaqq-ul-yaqīn.

عین الیقین، حقّ الیقین

براہ راست دیکھنے کی طرز میں کائنات ایک نقطہ ہے جس کے اندر کائنات ہی نہیں ورائے کائنات بھی ہے۔ یہی محسوس نقطہ عین الیقین ہے لیکن جب اس نقطے میں ورائے کائنات بھی داخل ہو جاتا ہے تو اس کیفیت کو حقّ الیقین کہا گیا ہے۔

'Ālam-i Amar

When Allah wished to end the state of senselessness and unawareness, He addressed the cosmos. As soon as the Voice of Allah reached the hearing of the cosmos, the sense of hearing was brought into existence. With this emergence, the cosmos acquired the ability to direct its focus. As attentiveness awakened, the cosmos became aware of the One who had spoken. With this newfound attention, the cosmos turned its gaze towards the One who called it. As vision unfolded, it perceived a Being other than itself, revealing a duality. Two aspects were thus revealed:

1. The Creation
2. The Creator

The determination of both these aspects is known as 'Ālam-i Amar.

عالمِ امر

اللہ تعالیٰ نے جب گوناگوں یا بے خبری کی کیفیت کو ختم کرنا چاہا تو کائنات کو مخاطب کیا۔ جیسے ہی کائنات کی سماعت سے اللہ تعالیٰ کی آواز ٹکرائی، سماعت کی حس پیدا ہو گئی۔ سماعت میں حرکت پیدا ہونے کے بعد کائنات میں کسی طرف متوجہ ہونے کی صلاحیت بیدار ہو گئی۔ جیسے ہی متوجہ ہونے کی صفت میں حرکت ہوئی، کائنات نے آواز دینے والی ہستی کی طرف دیکھا۔ نگاہ کھلنے کے بعد اپنے علاوہ ایک اور ہستی کو دیکھا تو دو رخ منکشف ہوئے۔

ایک رخ تخلیق

دوسرا رخ خالق

ان دونوں رخوں کا تعین عالمِ امر ہے۔

12

‘A

‘Ālam-i Jabrūt, Nahr Tajrīd

‘Ālam-i Jabrūt refers to the stage where the essence of the cosmos transitions into distinct forms. This stage is also known as *Nahr Tajrīd*.

عالمِ جبروت، نہر تجرید

جب کائنات کی ماہیت خد و خال میں منتقل ہو جاتی ہے تو اُس عالم کو عالمِ جبروت یا نہر تجرید کہتے ہیں۔

‘Ālam-i Jū, Lauḥ Do-yim

The program at the second stage of the formation of the cosmos, referred to as *‘Ālam-i Jū* or *Lauḥ Do-yim*, can be envisioned as a screen displaying motion pictures. In this context, the *Lauḥ Avval* (*Lauḥ-i Maḥfūẓ*) serves as the first canvas, featuring still or static images. In contrast the *Lauḥ Do-yim*, the second canvas, also incorporates human intentions.

عالمِ جُو، لوح دوئم

جس اسکرین پر تصویر متحرّک ہیں، وہ عالمِ جُو ہے اور اس کو لوح دوئم بھی کہتے ہیں۔ جس اسکرین پر تصویر موجود ہیں مگر متحرّک نہیں، لوح اوّل ہے۔ لوح دوئم دوسرا عالم تمثال ہے جس میں انسانی ارادے بھی شامل ہیں۔

‘Ālam-i Lāhūt, Nahr Tasvīd, Ghaib-ul-Ghaib

Ālam-i Lāhūt (realm of *Lāhūt)* is the realm where the Knowledge of Allah exists in the form and appearance of the unseen. This realm, also referred to as *Tajallī* or *Dā'irah-i Tajallī* (under the dominion of *Tajallī*), contains countless concentric circles that start from a minuscule point and gradually expand to encompass the entire cosmos.

Each word of *Tajallī* forms a circle, with each new circle having a greater diameter than the one before it. These innumerable circles of *Tajallī* serve as the foundations of all origins within the cosmos. The cosmos transforms into various forms through these circles of *Tajallī*, which are collectively known as *Ghaib-ul-Ghaib*. The foundation of *Ghaib-ul-Ghaib* is the *Nahr Tasvīd*, also known as *‘Ālam-i Lāhūt*.

عالمِ لاہوت، نہر تسوید، غیب الغیب

عالم لاہوت وہ مقام ہے جس میں اللہ تعالیٰ کا علم غیب کی شکل وصورت میں موجود ہے۔ اس مقام میں ایسے لاشمار دائرے ہیں جو خفیف ترین نقطے سے دائرے کی شکل میں توسیع اختیار کر کے پوری کائنات پر محیط ہوتے ہیں۔ عالم لاہوت کو تجلّی یا دائرہ تجلّی بھی کہا جاتا ہے۔ تجلّی کا ہر لفظ جب دائرہ بنتا ہے تو پہلے ہر نقطے کے دائرے سے بڑا ہوتا ہے۔ تجلّی کے یہ بے شمار دائرے کائنات کی تمام اصلوں کی بنیاد ہیں۔ تجلّی کے انہی دائروں سے کائنات نوعوں کی شکل میں تبدیل ہوتی ہے۔ اس دائرے کو غیب الغیب کہتے ہیں۔ غیب الغیب کی بنیاد نہر تسوید ہے جسے عالم لاہوت کہا جاتا ہے۔

‘Ālam-i Malakūt, Nahr Tashhīd

In *‘Ālam-i Malakūt* (Realm of Angels), also referred to as *Nahr Tashhīd,* distinct forms of consciousness are formed when the species or attributes of individuals descend from *‘Ālam-i Jabrūt.*

عالمِ ملکوت، نہر تشہید

عالم جبروت کے اندر مقیم نوع یا افراد کائنات کی صفات نزول کرتی ہے تو الگ ایک شعور بن جاتی ہیں۔ اسی دائرہ شعور کا نام نہر تشہید یا عالم ملکوت ہے۔

‘Ālam-i Mis̱āl, Kas̱rat, ‘Ālam-i Jū

As the voice of Allah resonated through the cosmos, every entity in existence turned its focus toward this Divine call, laying the foundation of consciousness in all created beings. This newfound consciousness acknowledged the Lordship of the Creator. When these beings realized that there was a higher Power beyond their own existence that had created them, they began to perceive other forms of existence. This vision is referred to as the *‘Ālam-i Mis̱āl* (*Kas̱rat*), also known as the *‘Ālam-i Jū*. *‘Ālam-i Mis̱āl* is the intermediary stage between the *Lauḥ-i Maḥfūẓ* and the *‘Ālam-i Nāsūt* (mortal world), where the collective program of the cosmos transforms into distinct species and forms.

عالمِ مثال، کثرت، عالمِ جُو

جیسے ہی اللہ کی آواز کائنات کی بساط پر گونجی کائنات میں موجود ہر شے اس آواز کی طرف متوجہ ہو گئی اور مخلوق میں شعور کی بنیاد پڑ گئی۔ اس شعور نے اللہ تعالیٰ کے رب ہونے کا اعتراف کیا۔ جب موجودات کے فہم میں یہ بات آگئی کہ ہمارے علاوہ بھی کوئی ہستی ہے اور اس ہستی نے ہمیں تخلیق کیا ہے تو موجودات نے اپنے علاوہ دوسری موجودات کو دیکھا۔ اس دیکھنے کو عالم مثال (کثرت) اور کثرت کو عالمِ جُو بھی کہتے ہیں۔ لوح محفوظ اور عالم ناسوت کا درمیانی مرحلہ عالم مثال ہے۔ جہاں کائنات نے نوعی اعتبار سے مظاہراتی خدوخال اختیار کیئے یعنی فلم کا یکجائی پروگرام نوعی اعتبار سے الگ الگ ہوا۔

'Ālam-i Nāsūt, 'Ālam-i Maiḥsūsāt, Nahr Taẕhīr

The species-specific program descends to this world and manifests as individual-specific programs in the *'Ālam-i Nāsūt* (Mortal World), also known as *Nahr Taẕhīr*. When the features in the *'Ālam-i Malakūt* (Realm of Angels) cross their boundaries or emerge from this realm, they give rise to feelings that form the foundation of the *'Ālam-i Maiḥsūsāt*. This stage is referred to as the *'Ālam-i Nāsūt*.

عالمِ ناسُوت، عالم محسوسات، نہر تظہیر

نوعی پروگرام کی فلم جب انفرادی صورت میں ڈسپلے ہوئی تو اس کا نام عالم ناسُوت ہے۔ اسی دائرہ شعور کا نام نہر تظہیر ہے۔ عالم ملکوت کے اندر خد و خال اپنی حدوں سے جب نزول کرتے ہیں یا عالم ملکوت سے باہر آ جاتے ہیں تو عالم محسوسات کی بنیاد پڑ جاتی ہے۔ اس مقام کو عالم ناسُوت کہتے ہیں۔

'Ālam-i Nūr, Malā'e Ā 'lā (Malā'ikah Muqarrabīn), Malā'ikah Samāvī & Rūḥānī, Malā'ikah 'Anṣarī

'Ālam-i Nūr refers to the commands issued by Allah from the *'Arsh*. These commands are first received by the *Malā'e Ā'lā* (the exalted assembly), also known as the *Malā'ikah Muqarrabīn*. The messages from the *Malā'e Ā'lā* are then understood by the *Malā'ikah Samāvī*, who execute these commands. Following this, the messages are passed on to the *Malā'ikah Rūḥānī*, who receive and act upon these orders. Finally, the commands reach the *Malā'ikah 'An 'Anṣarī*, who are dispersed throughout the earth. These angels inspire all living beings within the worlds.

عالمِ نور، ملائے اعلیٰ (ملائکہ مقرّبین) ملائکہ سماوی اور روحانی، ملائکہ عنصری

عالم نور سے مراد اللہ تعالیٰ کے وہ احکامات ہیں جو اللہ تعالیٰ عرش سے صادر فرماتے ہیں۔ ملائے اعلیٰ (ملائکہ مقرّبین) پر اللہ تعالیٰ کی طرف سے احکامات صادر ہوتے ہیں۔ ملائکہ مقرّبین کے پیغامات ملائکہ سماوی سمجھتے ہیں اور وہ ان احکامات کی تعمیل کرتے ہیں۔ ملائکہ سماوی کے پیغامات ملائکہ روحانی تک پہنچتے ہیں اور وہ ان احکامات کی تعمیل کرتے ہیں۔ اور ملائکہ روحانی کے پیغامات ملائکہ عنصری سمجھتے ہیں۔ ملائکہ عنصری زمین کے ہر حصّے میں پھیلے ہوئے ہیں۔ یہی فرشتے دُنیاؤں میں بسنے والی مخلوق کو انسپائر کرتے ہیں۔

‘A

‘Ālam-i Taḥayyur

The cosmos comprises sight or vision. Until the individuals within the cosmos were endowed with vision, the cosmos remained in a state of *‘Ālam-i Taḥayyur* (the state of astonishment). When Allah asked, “Am I not your Lord?”, all the souls present in the universe looked towards that voice, and they acquired awareness of their Lord.

عالمِ تحیّر

کائنات نگاہ یا نظر ہے۔ جب تک کائنات کے افراد کو نظر منتقل نہیں ہوئی اس وقت تک کائنات عالمِ تحیّر میں تھی۔ جب اللہ تعالیٰ نے فرمایا "الست بربکم"، کائنات میں جتنی بھی ارواح تھیں، انہوں نے اس آواز کی طرف دیکھا تو انہیں اللہ کا ادراک حاصل ہو گیا۔

‘Ālam-i Timsāl

As long as something does not manifest in its material form, it is referred to as *Tamassul* or *Taḥaqquq*. In *‘Ālam-i Timsāl,* entities with defined features come into being, but they still lack a corporeal body. These creations initially existed solely in the mind of Allah, without distinct characteristics. However, after passing through the lens of *Vājib* and entering the *Lauḥ-i Maḥfūẓ*, the Divine Command acquired form. These images then materialized in the realm known as *‘Ālam-i Timsāl*. Yet, until these forms are clothed in a physical body made of earthly elements, the agency of *realization* does not activate within the image.

عالمِ تمثال

جب تک شے کی مادّی صورت وجود میں نہ آئے اس حالت کو تمثّل یا تحقق کہتے ہیں۔ جب تک مخلوق اللہ کے ذہن میں تھی خدوخال نہیں تھے لیکن واجب کے لینس سے گزرنے کے بعد جیسے ہی لوحِ محفوظ میں قدم رکھا حکم کے خدوخال مرتب ہو گئے۔ پھر عالمِ تمثال میں یہ تصویریں وجود میں آگئیں۔ لیکن ان تصویروں میں جسدِ خاکی کا لباس ظاہر نہیں ہوا۔ جب تک خدوخال کے اوپر جسد خاکی یا جسمانی لباس نہیں آیا تصویر احساس سے روشناس نہیں ہوئی۔

ʻA

ʻĀlam-i Ẕāhir, ʻĀlam-i Khalq, ʻĀlam-i Amar

When an individual realizes that their origin lies in the command of Allah, they come to understand that all species and galactic systems in the cosmos are created by the decree of Allah. The designs and patterns of the universe are continually transferred, in perfect order and harmony, to the *ʻĀlam-i Khalq* (realm of creation) or the *ʻĀlam-i Ẕāhir* (manifest realm) through the knowledge of The Omniscient. *ʻĀlam-i Khalq* refers to a time-bounded realm, while *ʻĀlam-i Ẕāhir* refers to a space-bounded realm. *ʻĀlam-i Khalq* or *ʻĀlam-i Amar are* essentially the same. In *Rūḥānīyat*, it is essential to seek the cause of everything, regardless of how insignificant it may appear. When we observe something, we gain knowledge of it, understanding its essence as if the observer becomes the observed, thus attaining an intimate awareness of it.

عالم ظاہر، عالم خلق، عالم امر

جب کوئی انسان یہ بات جان لیتا ہے کہ میرا اصل اللہ کا امر ہے تو وہ یہ سمجھ لیتا ہے کہ کائنات میں موجود تمام نوعیں اور کہکشانی نظام اللہ کے حکم کے ساتھ ہی تخلیق ہوتے ہیں۔ کائنات کے نقش ونگار اللہ کے حکم سے ترتیب اور توازن کے ساتھ عالم خلق یا عالم ظاہر میں منتقل ہوتے رہتے ہیں۔ عالم خلق سے مراد زمانیت ہے، عالم ظاہر سے مراد مکانیت ہے ۔ عالم خلق اور عالم امر ایک ہی بات ہے۔ روحانیت میں کسی چیز کی وجہ تلاش کرنا ضروری ہے۔ خواہ کتنی ہی ادنٰی درجے کی چیز ہو۔ ہم جب کسی شے کو دیکھتے ہیں تو ہمیں اسکی معرفت حاصل ہوتی ہے ہم اسکی مثال ٹھیک طرح سمجھ لیتے ہیں گویا دیکھنے والا خود دیکھی ہوئی چیز بن کر اس کی معرفت حاصل کرتا ہے۔

'Arsh

"Your Guardian-Lord is Allah, Who created the heavens and the earth in six Days, and is firmly established on the throne."
(Chapter *Ā'rāf* (7), Verse 54)

Comprehending the vastness of this realm leads one to the dimension of infinity, which Allah has termed as *'Arsh*.

عرش

"کچھ شک نہیں کہ تمہارا پروردگار اللہ ہی ہے جس نے آسمانوں اور زمین کو چھ دن میں پیدا کیا پھر عرش پر جا ٹھہرا۔"

سورۃ اعراف، آیت 54

پہنائی میں ادراک کر نالا تناہیت کے بُعد میں لے جاتا ہے۔

اسی بُعد کو اللہ نے عرش فرمایا ہے۔

‘Ilm-i Ḥuṣūlī ūlī

‘Ilm-i Ḥuṣūlī refers to the type of knowledge acquired through effort or planning, influenced by observable phenomena. It is bound within the limits of time and space.

علم حصولی

علم حصولی وہ علم ہے جو اکتساب (محنت یا تدبیر سے حاصل ہونا) کے ذریعے حاصل ہوتا ہے اس میں مظاہر کا عمل دخل ہوتا ہے۔

‘Ilm-i Ḥuẓūrī

‘Ilm-i Ḥuẓūrī refers to the type of knowledge that is directly perceived, involving subconscious stimuli within the individual.

علم حضوری

علم حضوری وہ علم ہے جس کی حیثیت براہ راست ایک اطلاع کی ہے یعنی علم حضوری سیکھنے والے بندے کے اندر لاشعوری تحریکات عمل میں آجاتی ہیں۔

‘Ilm-i Lā, ‘Ilm-i Illā

Whenever we discuss any form of knowledge, two key aspects inevitably arise: the negative and the positive. When we deny something, we are actually negating something that “exists.” In other words, we are referring to something that is present, because if it did not exist, there would be no mention of it. When we speak of knowledge, there is an inherent meaning related to that knowledge in our minds. And when we deny something, we are, in essence, accepting its exclusion.

علم لا، علم اِلّا

جب بھی کسی علم کا تذکرہ ہوتا ہے تو دو باتیں لازماً درپیش آتی ہیں۔ علم کا منفی پہلو اور علم کا مثبت پہلو۔ جب ہم انکار کرتے ہیں تو دراصل ہم کسی ”ہے“ کی نفی کرتے ہیں یعنی کوئی چیز موجود ہے اگر کوئی چیز موجود نہ ہو تو اسکا تذکرہ ہی نہیں ہوگا۔ ہم جب علم کے بارے میں کچھ کہتے ہیں تو علم کے بارے میں ہمارے ذہن میں معنی ہوتے ہیں۔ اور جب ہم انکار کرتے ہیں تو ہم نفی کو قبول کرتے ہیں۔

‘I

Without an awareness of what we do not know, we cannot advance into the realm of knowledge. In this sense, unawareness itself is a form of knowledge. Practitioners of *Rūḥānīyat* refer to the understanding of unawareness as *‘Ilm-i Lā* and the understanding of knowledge as *‘Ilm-i Illā*.

جب تک ہم لاعلمی سے واقف نہیں ہوتے اس وقت تک علم کے دائرے میں قدم نہیں بڑھا سکتے۔یعنی لاعلمی بھی ایک علم ہے۔ روحانی لوگ لاعلمی کی معرفت کو علم لا اور علم کی معرفت کو علم اِلاّ کہتے ہیں۔

‘Ilm-i Ladunnī, ‘Ilm-ul-Qalam

علم لدُنّی، علم القلم

‘Ilm-i Ladunnī is a knowledge that comprises three parts:

1. The first part is *the Ajmāl* (Essence).
2. The Second part is *the Tafsīl (*Detail*)*.
3. The Third part is *the Asrār* (Secret).

The segment of *Ladunnī* knowledge referred to as *Asrār* (Secret) is taught directly by Allah Himself. *Asrār* are the core of *Tajallīyāt*. These core are essentially *‘Ilm-ul-Qalam*, a branch of knowledge established before the *Lauḥ-i Maḥfūẓ*, and it holds precedence over the latter. When an individual who possesses the knowledge of *‘Ilm-ul-Qalam* issues commands, those commands are inscribed on the *Lauḥ-i Maḥfūẓ*. It is the descent of these inscriptions from the *Lauḥ-i Maḥfūẓ* that brings the universe into existence, manifesting in the forms and features of creation.

علم لدُنّی کے تین شعبے ہیں۔

1.اجمال
2. تفصیل
3.اسرار

علم لدُنّی میں جس حصے کو اسرار کہا جاتا ہے اسکی تعلیمات اللہ تعالیٰ خود دیتے ہیں۔اسرار تجلّیات کے علوم کے حقائق ہیں۔ یہی حقائق علم القلم ہیں۔ علم القلم علوم کا وہ باب ہے جو لوح محفوظ سے پہلے ہے۔یہ علوم لوح محفوظ کے احکامات پر اوّلیت رکھتے ہیں۔

علم القلم جاننے والا کوئی بندہ جب احکامات صادر کرتا ہے تو وہ تمام احکامات لوح محفوظ پر نقش ہو جاتے ہیں، اور لوح محفوظ کے نقوش ہی نزول کر کے کائنات بنتے ہیں اور کائنات کے خدوخال میں ظاہر ہوتے ہیں۔

‘Ilm-i Vaḥdat

‘Ilm-i Vaḥdat refers to the state of existence where the cosmos is wholly absorbed in self-awareness, knowing nothing beyond its own sense of being.

علم وحدت

علم وحدت سے مراد کائنات کی وہ موجودگی ہے جہاں کائنات گم سم اپنے احساس کے علاوہ کچھ نہیں جانتی۔

‘Ilm-i Vājib

‘Ilm-i Vājib refers to the knowledge that Allah has imparted to the created beings. In other words, it signifies the divine attributes that the entities are associated with. *‘Ilm-i Vājib* is also known as *‘Ilm-ul-Qalam*.

علم واجب

علم واجب سے مراد اللہ کا وہ علم جو اللہ نے موجودات کو منتقل کردیا یعنی اللہ کی ایسی صفات جسکی نسبت موجودات کو حاصل ہے۔

علم واجب کو علم القلم بھی کہتے ہیں۔

‘Ilm-ul-Qalam

S̲ābtah, *Khafī*, and *Akhfā* combine to form *‘Ilm-ul-Qalam*. Whatever is inscribed with *Nūr* on the *Lauḥ-i Maḥfūẓ* constitutes *‘Ilm-ul-Qalam*. This knowledge represents the first *Tanazzul* (“descent”), manifesting the cosmos as it existed in the mind of the Creator. This manifestation is *‘Ilm-ul-Qalam*.

علم القلم

ثابتہ، خفی اور اخفیٰ کی یکجائی کا نام علم القلم ہے۔ لوح محفوظ میں جو کچھ نوری تحریر میں نقش ہے علم القلم ہے۔ پہلا تنزّل یہ ہے کہ اللہ کے ذہن میں کائنات جس طرح تھی اسکا مظاہرہ ہوگیا۔ یہ مظاہرہ علم القلم ہے۔

‘Irfān, ‘Ārif

عرفان، عارف

‘Irfān refers to awareness and is of two types: awareness of attributes and awareness of essence. Both can only be attained to the extent that Allah wills.
A person whom Allah the Almighty has endowed with *‘Irfān* of His attributes or His essence is called an *‘Ārif*.

عرفان آگہی کو کہتے ہیں۔ عرفان دو طرح ہوتا ہے۔ ایک صفات کا عرفان، دوسرا ذات کا عرفان اور یہ دونوں اسی حد تک ہو سکتے ہیں جس حد تک اللہ چاہے۔ وہ شخص جسے اللہ تعالیٰ نے صفات یا ذات کے عرفان سے نوازا ہو اسے عارف کہتے ہیں۔

I

Insān

Ādmi and *Insān* are two distinct entities. *Ādmi* refers to the physical body, while *Insān* is the inner being that animates it, endowed with intimate knowledge of Allah. Movement is connected to the soul, indicating that *Insān* is aware of the soul's capabilities.
In the *Qur'ān*, Allah says:
"*We have indeed created man in the best of moulds. Then do We abase him (to be) the lowest of the low.*"
(Chapter *At-Tin*.(95), Verse 4-5)

انسان

آدمی اور انسان الگ الگ ہیں۔ آدمی لباس ہے اور انسان لباس میں حرکت ہے۔ حرکت کا تعلق روح سے ہے یعنی انسان روح کی صلاحیتوں سے واقف ہے۔
قرآن پاک میں اللہ تعالیٰ فرماتے ہیں۔
"ہم نے انسان کو بہترین ساخت پر تخلیق کیا۔ پس اسے اسفل سافلین میں پھینک دیا"۔ سورۃ التّین، آیت 5-4

I

Ilqā, Tanazzulāt, Tajallīyāt, Taqdīr-i Mubram

The literal meaning of *Ilqā* is "receiving knowledge from the unseen or the revelation of the hidden." It encompasses four levels, known as *Tanazzulāt* ("descents"). The first descent is the manifestation of the cosmos as it existed in the mind of the Creator, referred to as *'Ilm-ul-Qalam*. In the second descent, the secrets and codes of Allah are expressed through *Tajallīyāt,* which fully encompass the Divine Will. The third descent sees these secrets and code taking form as designs on the *Lauḥ-i Maḥfūẓ,* representing the *Taqdīr-i Mubram* (inevitable fate.) The fourth descent marks the foundation of space, where creation assumes an elemental form upon entering the realm of the mortal world.

القاء ،تنزّلات، تجلّیات، تقدیر مُبرم

القاء کے لغوی معنی غیب سے کسی بات کی آگاہی ہونا ہے۔ القاء کی چار قسمیں ہیں جنہیں تنزّلات کہتے ہیں۔ پہلا تنزّل یہ ہے کہ اللہ تعالیٰ کے ذہن میں کائنات جس طرح تھی اس کا مظاہرہ ہوگیا۔ یہ مظاہرہ "علم القلم" ہے۔ تنزّل دوم میں اللہ کے اسرار و رموز تجلّیات میں ظاہر ہوتے ہیں۔ یہ تجلّیات مشیت ایزدی کا پورا احاطہ کر لیتی ہیں۔ تنزّل سوم میں اسرار و رموز لوح محفوظ کے نقش و نگار کی صورت اختیار کر لیتے ہیں۔ نقش و نگار تقدیر مبرّم ہے۔ تیسرے تنزّل کے بعد جب کوئی شے عالم ناسوت کی حدود میں داخل ہو کر عنصریت کا لباس پہنتی ہے اور مکانیت کی بنیاد پڑتی ہے اسے تنزّل چہارم کہتے ہیں۔

I

Istidrāj

Istidrāj refers to the knowledge that develops in a person under the influence of wicked soul from the realm of *Ā'rāf* or Satan-worshipping *jinn*.

استدراج

استدراج وہ علم ہے جو اعراف کی بُری روحوں یا شیطان پرست جنّات کے زیرِ سایہ کسی آدمی میں مخصوص حالات کی بنا پر پرورش پاتا ہے۔

Istighnā

Istighnā means that a person understands that the sustainer of their life and the fulfiller of all their urges, desires, and needs is the Entity who created the cosmos.

استغنا

استغنا یہ ہے کہ آدمی اپنی زندگی، زندگی کے تمام تقاضوں، تمام خواہشات اور تمام ضروریات کا کفیل اس ذات کو سمجھے جس ذات نے کائنات بنائی ہے۔

Istirkhā

In *Istirkhā*, the practice involves suppressing the movement of the eyelids and eyeballs to prevent blinking, allowing the vision of wakefulness to transition into that of a dream. *Istirkhā* entails gazing in the dark without blinking.

استرخا

عملِ استرخا میں اس بات کی مشق کرائی جاتی ہے کہ آنکھ کے ڈیلوں کی حرکت رک جائے اور آنکھ کے پردے کی ضرب ڈیلوں پر نہ پڑے۔ تاکہ بیداری کی نظر خواب کی نظر میں منتقل ہو جائے۔ تاریکی میں پلک جھپکائے بغیر نظر جمانے کو استرخا کہتے ہیں۔

Jalī, Khafī, Tanazzul, Sar Akbar, Rūḥ Akbar, Shakhṣ Akbar, Shakhṣ Aṣghar

There are numerous stages of *Nisbat* (spiritual connection), and *Auliyā karām* (friends of Allah) have extensively discussed these stages. Through *Nisbat,* the knowledge within the disciple is gradually transferred. Eventually, the *Sālik* experiences an overwhelming influence of the *Murshid's* (spiritual teacher's) *Nisbat*. Following this, the *Sālik* becomes enveloped in the *Nisbat* of the Holy Prophet Muhammad (PBUH), dedicating every moment of his life to him.

After this, the third stage, known as the stage of *Khafī* light, occurs. Waves of this light naturally circulate within the mind, redirecting every action toward Allah without conscious intention. One meditates on the verses of Allah and feels joy as the reflection of Allah's magnificence and majesty manifests within. This process of enlightenment

جلی، خفی، تنزّل، سر اکبر، روح اکبر، شخص اکبر، شخص اصغر

نسبتوں کے بہت سارے مرحلے ہیں اور اولیاء کرام نے بہت ساری نسبتوں کا تذکرہ کیا ہے۔ مرید میں نسبت کے ذریعہ علوم کا ذخیرہ بتدریج منتقل ہوتا رہتا ہے اور ایک وقت ایسا آتا ہے مرید اپنے اوپر پیرو مرشد کی نسبت کا غلبہ محسوس کرتا ہے۔ اس کے بعد ”سالک“ کو نبی کریم ﷺ کی نسبت احاطہ کرلیتی ہے۔ اسکی زندگی کا ہر لمحہ حضور ﷺ کے لئے وقف ہو جاتا ہے۔

اس مرحلے کے بعد تیسرا مرحلہ خفی روشنی کا آتا ہے۔ اسکے دماغ میں از خود اس قسم کی لہریں دور کرتی رہتی ہیں کہ بغیر ارادے کے ذہن ہر عمل کو اللہ کی طرف موڑ دیتا ہے۔ اللہ کی آیات میں تفکر کرتا ہے اور خوش ہوتا ہے کہ بشر میں اللہ کی عظمت و جلال کا عکس آجاتا ہے۔ طرز فکر کی اس منتقلی کا نام تنزّل ہے۔ تنزّلات کی تین قسمیں ہیں۔ ان تنزّلات میں ایک طرف لہروں کا نزول جلی ہوتا ہے اور دوسری طرف خفی ہوتا ہے۔ یعنی ایک نمایاں ہوتا ہے اور دوسرا مخفی رہتا ہے۔ پہلا جلی تنزّل سر اکبر ہوتا ہے۔ دوسرا جلی تنزّل روح اکبر ہوتا ہے۔ تیسرا تنزّل شخص اکبر ہے۔

J

is known as *Tanazzul* ("descent"), and there are three types of *Tanazzul*. These *Tanazzulāt* (descents) feature waves that are *Jalī* (evident) on one side and *Khafī* (concealed) on the other. The first *Jalī Tanazzul* is the *Sar Akbar*, the second is the *Rūḥ Akbar*, and the third is the *Shakhṣ Akbar*. The teachers of *Rūḥānīyat* refer to the cosmos as *Shakhṣ Akbar*. In any action, one aspect is always dominant while the other is recessive. The dominant aspect is called *Shakhṣ Akbar* and the recessive one is *Shakhṣ Aṣghar*.

روحانی اساتذہ شخص اکبر کو کائنات کہتے ہیں۔ حرکت میں ایک رخ ہمیشہ غالب رہتا ہے اور دوسرا رخ مغلوب رہتا ہے۔ جو رخ غالب رہتا ہے اس کو شخص اکبر اور جو رخ مغلوب رہتا ہے اسے شخص اصغر کہتے ہیں۔

Jama'

The mental association with Allah and selfless service to others is referred to as *Jama'* in *Taṣavvuf*. This implies that a person is filled with the spirit of serving humanity and maintains mental harmony with Allah at all times. Until a follower enters the state of *Jama'*, the path to intimate knowledge of Allah remains closed to them.

جمع

اللہ تعالیٰ کے ساتھ ذہنی وابستگی اور بے لوث خدمت کو تصوّف میں "جمع" کہتے ہیں۔ یعنی انسان ہر وقت اللہ کے ساتھ ذہنی ہم آہنگی برقرار رکھتے ہوئے خدمت خلق کے جذبے سے سرشار ہوتا ہے۔ جب تک کوئی بندہ "جمع" کی کیفیت میں داخل نہیں ہوتا اس کے اوپر عرفان کا راستہ نہیں کھلتا۔

J

Javayya

In the language of *Rūḥānīyat*, consciousness is referred to as *Javayya*. For a thought to become manifest, it must pass through three spheres:

1. *S̱ābtah*
2. *Āʿyān*
3. *Javayya*

Javayya records every action of life and is also termed as *Rūḥ Ḥaivānī*.

جوّیہ

روحانی زبان میں شعور کو جوّیہ کہتے ہیں۔ خیال کو مظہر بننے کے لئے تین دائروں میں سفر کرنا پڑتا ہے۔

۱۔ ثابتہ

۲۔ اعیان

۳۔ جوّیہ

جوّیہ میں زندگی کا ہر عمل ریکارڈ ہوتا ہے۔ جوّیہ کا اصطلاحی نام روح حیوانی ہے۔

Jū

When speaking of His own attributes, Allah refers to both *Vaḥdat and Kas̱rat*. *Kas̱rat* is an inherent attribute of creation. Created beings are, by nature, dependent. They are the offspring of someone, and without family structures, they cannot exist. However, Allah, being independent of all these things, transcends such needs. Since creation is inherently multiple, it was necessary for it to possess not only individual consciousness but also collective consciousness, categorized and species-specific. This collective consciousness also governs familial relationships—such as the bond between a father, a mother, and the wider family. The cosmic system that ensures these relationships are maintained and their needs are fulfilled operates within the framework of "*Jū*." *Jū* is defined as the concept that the cosmos is founded on the attributes of Allah.

جُو

اللہ تعالیٰ جب اپنی صفات بیان کرتے ہیں۔ ان صفات میں وحدت اور کثرت کا تذکرہ شامل ہے۔ اللہ تعالیٰ نے تخلیق کی یہ تعریف بیان کی ہے کہ تخلیق کثرت ہے۔ تخلیق کے اندر احتیاج ہے۔ تخلیق خاندان کے بغیر نہیں ہوتی۔ جب کے اللہ تعالیٰ ان سب باتوں سے بے نیاز ہے، چونکہ تخلیق کثرت ہے اس لئے ضروری ہوگیا کہ تخلیق کے اندر انفرادی شعور کے ساتھ ساتھ اجتماعی شعور بھی ہو۔ اور اجتماعی شعور میں درجہ بندی ہو اور اجتماعی حیثیت نوعی اعتبار سے ہو اور یہ حیثیت رشتوں کے اوپر قائم رہے۔ جیسے باپ کا رشتہ، ماں کا رشتہ اور خاندان سے تعلقات وغیرہ۔ ان رشتوں کو قائم رکھنے اور رشتوں کی ضرورتوں کو پورا کرنے کیلئے کائنات میں جو سلسلہ قائم ہے، وہ ”جُو“ کے اندر عمل پذیر ہے۔ جُو کی مختصر تعریف یہ ہے کہ کائنات اللہ کی صفات پر قائم ہے۔

Kashaf-ul-Jū

Kashaf-ul-Jū refers to the ability that, when awakened in the *Sālik*, grants a profound awareness of one's *Nisbat* (spiritual connection) with Allah.

کشف الجوٗ

کشف الجوٗ ایسی صلاحیت ہے جب بیدار ہو جاتی ہے تو سالک کو اس بات کا شعور حاصل ہو جاتا ہے کہ مجھے اللہ تعالیٰ کی نسبت حاصل ہے۔

Kashish-o-Gurez

From eternity to eternity, movement persists; it travels through *Nuqtah-i Vaḥdānī* and reaches *'Ālam-i Mis̱āl*, which accepts these rays and attempts to reflect them back according to its nature. This effort to reflect the rays disrupts their continuity (though the rays themselves do not cease). *Nuqtah-i Vaḥdānī* propels the rays forward, while the mirror of *'Ālam-i Mis̱āl* tries to reflect them back. This interaction results in a twofold movement known as *Kashish-o-Gurez* (attraction and repulsion). Every entity in the cosmos embodies both aspects—attraction and repulsion. For instance, every baby born today is continually journeying through attraction and repulsion.As childhood follows infancy, childhood serves as *Kashish* (attraction) for infancy, while infancy becomes *Gurez* (repulsion) for childhood.

کشش و گریز

حرکت ازل سے ابد تک سفر کر رہی ہے۔ یہ حرکت جب نقطہ وحدانی سے گزر کر عالم مثال سے گزرتی ہے تو عالم مثال کا آئینہ شعاعوں کو قبول کر کے اپنی فطرت کے مطابق ان شعاعوں کو واپس لوٹانے کی کوشش کرتا ہے۔ شعاعوں کو واپس لوٹانے کی کوشش میں شعاعوں کا تسلسل ٹوٹ جاتا ہے (شعائیں ختم نہیں ہوتیں)۔ ہو یہ رہا ہے ایک طرف نقطہ وحدانی شعاوں کو آگے بڑھنے پر مجبور کرتا ہے، دوسری طرف عالم مثال کا آئینہ شعاعوں کو واپس لوٹانے کی کوشش کرتا ہے۔ اس کشمکش میں یہ حرکت دوہری ہو جاتی ہے۔ دوہری حرکت ہی کشش و گریز ہے۔ ہر چیز جو کائنات میں موجود ہے اس کا ایک رخ کشش ہے اور دوسرا رخ گریز ہے۔ مثلاً آج کا پیدا ہونے وال بچّہ ہر آن ہر لمحہ کشش و گریز میں سفر کر رہا ہے۔ بچپن سے جب لڑکپن آتا ہے تو بچپن کے لئے لڑکپن کشش ہے اور لڑکپن کے لئے بچپن گریز ہے۔

K

Khalq

Allah said, "*Kun,*" and the cosmos came into existence. As features, modes of movement, and stillness became prominent, and the stages of life started to unfold, the second division of *Takvīn*, known as *Khalq*, was established.

خلق

اللہ نے جب "کُن" فرمادیا تو کائنات وجود میں آگئی۔ عالم موجودات میں شکل و صورت، حرکت و سکون کی طرزیں جب نمایاں ہوئیں اور زندگی کے مراحل وقوع میں آنا شروع ہوئے تو تکوین کا دوسرا شعبہ بنا۔ اس شعبہ کا نام خلق ہے۔

Kitāb-ul-Mubīn

Kitāb-ul-Mubīn is described in the *Holy Qur'ān* as the clear book.

"from Whom is not hidden the least little atom in the heavens or on earth: Nor is there anything less than that, or greater, but is in the Record Perspicuous".
(Chapter *Sabā*(34), Verse 3)

- *Kitāb-ul-Mubīn* encompasses three hundred million *Lauḥ-i Maḥfūẓ*.
- Each *Lauḥ-i Maḥfūẓ* comprises eighty thousand *Ḥazīre(s)*.
- Within each *Ḥazīre*, there are over one trillion permanent inhabited systems and twelve trillion non-permanent systems.

کتاب المُبین

"ذرہ بھر چیز بھی اس سے پوشیدہ نہیں (نہ) آسمانوں میں اور نہ زمین میں اور کوئی چیز ذرے سے چھوٹی یا بڑی ایسی نہیں مگر کتاب روشن میں (لکھی ہوئی) ہے۔" سورۃ سبا، آیت 3

- ایک کتاب المبین میں تیس کروڑ لوح محفوظ۔
- ایک لوح محفوظ میں اسی ہزار حضیرے۔
- ایک حضیرے میں ایک کھرب سے زیادہ مستقل آباد نظام اور بارہ کھرب غیر مستقل نظام۔

K

Kun

"*Kun*," meaning "Be," refers to the Divine Command of Allah the Exalted that brings something into existence from nothingness.

Allah says in *Qur'ān*:
Verily, when He intends a thing, His Command is, "be", and it is!
(Chapter *Yā-Sīn*(36), Verse 82)

کُن

لفظ ”کُن “ کے لغوی مفہوم ”عدم سے وجود میں لانے کے لیئے اللہ تعالیٰ کا حُکم“ ہے۔ قرآن میں اللہ تعالیٰ فرماتے ہیں

”اس کی شان یہ ہے کہ جب وہ کسی چیز کا ارادہ کرتا ہے تو اس سے فرمادیتا ہے کہ ہو جا تو وہ ہو جاتی ہے۔“ سورۃ یٰس، آیت 82

L

Laṯīfah Akhfā́

Laṯīfah Akhfā́ is violet and situated in the center of the head, existing as a *Nuqtah-i Vāḥidah* within every human being. The *Tajallī* of Allah descend directly upon this point. By accessing *Laṯīfah Akhfā́*, a person can enter the ongoing cosmic program and establish dominance over the universe.

(Locate *Laṯīfah Akhfā́* in the picture of *Jism-i Misālī* on page i)

لطیفۂ اخفیٰ

پہلا لطیفہ جس کو اخفیٰ کا نام دیا گیا ہے ہر انسان کے اندر نقطہ واحدہ ہے، جس نقطہ کے اوپر براہ راست اللہ کی تجلّیات کا نزول ہوتا ہے۔ اس کا رنگ بنفشی ہے یہی وہ نقطہ ہے جس کے اندر داخل ہو جانے سے انسان کائنات میں جاری و ساری پروگرام میں داخل ہوجاتا ہے اور کائنات کے اوپر اسکی حکومت قائم ہوجاتی ہے۔

لطیفہ اخفیٰ کا مقام سر کے درمیان ہے۔

(صفحہ نمبر i پر جسم مثالی کی تصویر میں لطیفۂ اخفیٰ تلاش کریں)

Laṯīfah Khafī

Laṯīfah Khafī is blue and situated between the two brows on the forehead. The *Tajallī* (manifestations) of Divine knowledge, expedience of Allah, secrets, and codes are preserved in *Laṯīfah Akhfā́*. These can be comprehended through the light of *Laṯīfah Khafī*.

لطیفۂ خفی

لطیفہ خفی کا رنگ نیلا ہے ۔ لطیفہ خفی کا مقام دونوں ابروؤں کے درمیان پیشانی پر ہے۔ لطیفہ اخفیٰ میں علم الٰہی کی تجلّی، اللہ تعالٰی کی مصلحتوں اور اسرار و رموز کا ریکارڈ ہوتا ہے۔

انہیں لطیفہ خفی کی روشنی میں پڑھا جاسکتا ہے۔

L

Laṯīfah Nafsī

Laṯīfah Nafsī, situated just below the navel, is red in colour. It is nourished by the *Nahr Taẕhīr*. The lights of this *Laṯīfah* are intensified through meditation.

لطیفۂ نفسی

لطیفہ نفسی کا رنگ سُرخ ہے اور اس کا مقام ناف سے ذرا نیچے
ہے۔ لطیفہ نفسی کو نہر تطہیر سیراب کرتی ہے۔ مراقبہ کے ذریعہ
لطیفہ نفسی کی روشنیوں میں اضافہ ہو جاتا ہے۔

Laṯīfah Qalbī

Laṯīfah Qalbī, located in the heart, is orange in colour. Within this *Laṯīfah*, an individual observes their actions, which can be interpreted in the light of *Laṯīfah Nafsī*.

لطیفہ قلبی

لطیفہ قلبی کا مقام دل ہے۔ لطیفہ قلبی کا رنگ نارنجی ہے۔
لطیفہ قلبی میں انسان اپنے اعمال کا مشاہدہ کرتا ہے ان اعمال کو
لطیفہ نفسی کی روشنی میں پڑھا جاسکتا ہے۔

Laṯīfah Rūḥī

Laṯīfah Rūḥī is yellow in colour. A person who becomes acquainted with this *Laṯīfah* gains awareness of the realm of *Ā'rāf*.

لطیفہ روحی

لطیفہ روحی کا رنگ زرد ہے۔ لطیفہ روحی سے متعارف بندے کو
عالم اعراف کا شعور حاصل ہوجاتا ہے۔

L

Laṭīfah Sirrī

Laṭīfah Sirrī is green in colour. Within it, the commands pertaining to the individual are preserved as representations or symbolic reflections from the *Lauḥ-i Maḥfūẓ*.

لطیفہ سرّی

لطیفہ سرّی کا رنگ سبز ہے۔ لطیفہ سرّی میں فرد کے متعلق احکامات لوح محفوظ کے تمثّلات کی شکل میں محفوظ ہوتے ہیں۔

Lauḥ Avval

When Allah willed a course of action, the macrocosm came into existence in the exact sequence He ordained, along with the values and laws embedded in the program that existed in His Divine mind. The first manifestation of the universe's formation appeared on the *Lauḥ-i Maḥfūẓ*. In *Taṣavvuf*, this is referred to as the *Lauḥ Avval*.

لوح اوّل

جب اللہ تعالٰی کے ارادے نے حرکت کی تو جس ترتیب جس قائدوں اور جس ضابطوں کے ساتھ اللہ تعالٰی کے ذہن میں کائنات کی تشکیل کا پروگرام تھا وجود میں آگیا۔ کائنات کی تشکیل کے پروگرام کا پہلا مظاہرہ لوح محفوظ پر ہوا۔ تصوّف میں لوح محفوظ کو لوح اوّل کہا جاتا ہے۔

Lauḥ-i Maḥfūẓ

Lauḥ-i Maḥfūẓ refers to the canvas upon which the Divine Program, or the characters of that program in the mind of Allah, were inscribed after He said "*Kun*." It is akin to a film that contains the entire collective program of the cosmos, capturing every movement and detail.

لوحِ محفوظ

اللہ تعالٰی کے ذہن میں موجود پروگرام یا اس پروگرام کے کردار "کُن" کہنے کے بعد جس بساط پر نقش ہوئے اس کو مذہب لوح محفوظ کہتا ہے۔ لوح محفوظ ایک ایسی فلم ہے جس میں کائنات کا اجتماعی پروگرام پورا کا پورا ہر حرکت کے ساتھ موجود ہے۔

M

Malā'e Ā 'lā́

Malā'e Ā'lā́ refers to the groups of Gabriel and Michael (Peace Be Upon Them). It represents the highest rank of angels.

ملاءِ اعلیٰ

ملاءِ اعلیٰ سے مراد گروہ جبرائیلؑ اور گروہ میکائیلؑ ہیں۔

Martabah

The light is singular, but it travels in two different directions. In one direction, it moves towards person X; in the other, it moves towards person Y. When it travels towards X, it is called "X's" perception; when it travels towards Y, it is called "Y's" perception. The light itself remains unchanged and constant. The variation lies in the mode of expression in X and Y, as the same light forms "X's" life-picture in X and "Y's" life-picture in Y. In *Taṣavvuf*, this process is known as "*Martabah.*"

مرتبہ

روشنی ایک ہے اور سمتیں دو ہیں۔ ایک سمت میں روشنی محمود کی طرف جارہی ہے اور دوسری سمت میں روشنی زید کی طرف جارہی ہے۔ جب روشنی محمود کی طرف جارہی ہے محمود کے تصوّرات کہلاتی ہے اور جب روشنی زید کی طرف جارہی ہے تو زید کے تصوّرات کہلاتی ہے۔ تغیر روشنی میں واقع نہیں ہوتا روشنی بدستور اپنی حالت پر قائم ہے۔ صرف زید اور محمود کے طرزِ بیان میں تغیر ہے۔ کیونکہ وہی روشنی زید میں زید کی تصویرِ حیات ہے اور محمود میں محمود کی طرزِ حیات ہے۔ تصوّف میں اس عمل کو مرتبہ کہتے ہیں۔

M

Me'rāj

Me'rāj refers to the journey in which Allah granted His beloved, Prophet Muhammad (PBUH), the honour of meeting Him. During this journey, the Prophet (PBUH) was shown the signs of Allah.

معراج

معراج اس سفر کو کہتے ہیں جس میں اللہ تعالیٰ نے اپنے بندے حضرت محمد مصطفیٰ ﷺ کو اپنے حضور شرف ملاقات بخشی۔ اس سفر میں آپ ﷺ کو اللہ کی نشانیوں کا مشاہدہ کرایا گیا۔

Mughayyabāt-i Akvān

Mughayyabāt-i Akvān in *Taṣavvuf* refers to the ability to encompass and understand the entire cosmic system. A person endowed with this ability gains such vast insight that they can perceive events and circumstances from thousands of years in the past, as well as those yet to unfold thousands of years into the future, fully aware of their intricate details.

مغیبات اکوان

پورے کائناتی نظام کو احاطہ کرنے کی صلاحیت کو تصوّف میں "مغیبات اکوان" کہتے ہیں۔ اس صلاحیت کے حامل بندے کے اندر اتنی وسعت پیدا ہو جاتی ہے کہ وہ ہزاروں سال پہلے کے گزرے ہوئے حالات واقعات اور ہزاروں سال بعد آنے والے حالات واقعات کو دیکھ لیتا ہے اور اس کی تفصیلات سے باخبر ہو جاتا ہے۔

N

Nahr Tasvīd, Nahr Tajrīd, Nahr Tashhīd, Nahr Taẕhīr

The Divine Illuminations through which the *Irfān* of Allah manifests are called the *"Nahr Tasvīd"*; this is the first stream of *Tajallī* (Divine Manifestation). *"Nahr Tajrīd"* is the place where the first *Tajallī* descends. The subsequent descent reaches the stream named *"Nahr Tashhīd"*. The fourth in sequence is the *"Nahr Taẕhīr"*.

نہر تسوید، نہر تجرید، نہر تشہید، نہر تطہیر

اللہ کی ذات کا عرفان جن انوار سے ہوتا ہے ان انوار کا نام "نہر تسوید" ہے۔ نہرِ تسوید تجلّی کی پہلی رو ہے۔ تجلّی کا پہلا نزول جہاں ہوتا ہے اس کا نام "نہرِ تجرید" ہے۔ تجلّی کے نزول کے بعد جب مزید نزول ہوتا ہے اس رو کا نام "نہرِ تشہید" ہے اور چوتھی نہر کا نام "نہرِ تطہیر" ہے۔

Nasmah

The foundational element in the structure of the universe is the light that the Qur'an identifies as *"Mā'* (water)." In contemporary science, this is described as gases. Hazrat Qalandar Baba Auliya (*Ral.*) has referred to the initial form of each of these gases as *Nasmah*. *Nasmah* refers to the fundamental waves or rays that give birth to existence. In the same way that pictures are formed by light emanating from a projector and striking the screen, the lines of *Nasmah* pass through space and give form to material bodies.

نسمہ

کائنات کی ساخت میں بساط اول وہ روشنی ہے جس کو قرآن پاک نے ماء (پانی) کے نام سے یاد کیا ہے۔ موجودہ دور کی سائنس میں اس کو GASES کے نام سے تعبیر کیا جاتا ہے۔

حضرت قلندر بابا اولیاءؒ نے ان GASES میں سے ہر گیس کی ابتدائی شکل کا نام نسمہ بیان کی ہے۔ دوسرے الفاظ میں نسمہ حرکت کی ان بنیادی شعاعوں کے مجموعہ کا نام ہے جو وجود کی ابتدا کرتی ہے۔ جس طرح پروجیکٹر سے نکلنے والی روشنی اسکرین سے ٹکرا کر تصویریں بنتی ہیں، اسی طرح خلا میں سے

While the rays from the projector are visible to the physical eye, the lines of *Nasmah* can only be perceived by the eyes endowed with *Shuhūd*. It has not yet been possible to observe *Nasmah* through material means. However, the effects of *Nasmah's* lines have been detected through scientific inventions. The term “Aura” is now widely used, and the reflection of *Nasmah's* waves is referred to as an Aura, but it is not yet possible to see *Nasmah*.

گزر کر نسمہ کی لکیر ہی مادی اجسام بنتے ہیں۔ پروجیکٹر سے نکلنے والی شعاعوں کو مادی آنکھ دیکھ سکتی ہے لیکن نسمہ کی لکیر کو صرف شہود کی آنکھ دیکھ سکتی ہے۔ مادی ذریعہ سے ابھی تک نسمہ کو دیکھنا ممکن نہیں ہوا۔ البتہ ان لکیروں کے تاثرات کو سائنسی ایجادات کے ذریعے دیکھ لیا گیا ہے۔ آج کل Aura کی اصطلاح زبان زدِ عام ہے۔ نسمہ کی لہروں کا انعکاس Aura ہے۔ لیکن نسمہ کا دیکھنا ابھی تک ممکن نہیں ہوا۔

Nasmah Mufrad, Nasmah Murakkab

There are two types of waves in *Nasmah*: one is *Mufrad* (Singular Flow), and the other us *Murakkab* (forms a grid.) Both *Mufrad* and *Murakkab* have form and patterns, and they are spread throughout space. Whether *Mufrad* or *Murakkab*, these lines form shapes in material bodies and reflect those shapes onto each individual entity. In the universe, all entities are either tangible or intangible. The body of light is intangible, whereas the flesh-and-bone body is tangible. Just as the tangible body has form and features, the intangible body also possesses form. The intangible body is called “*Heulā*.” The presence of something first manifests in the form of a *Tamassul* or *Heulā*, and only later does it appear with physical features.

نسمہ مُفرد، نسمہ مُرکّب

نسمہ کی لہریں دو طرح کی ہیں ایک لہر مفرد ہے دوسری مرکب ہے۔ مفرد لہروں میں بھی خدوخال اور نقش ونگار ہیں اور مرکب لہروں میں بھی خدوخال ہیں۔ یہ لہریں خلا میں پھیلی ہوئی ہیں۔ لکیریں مفرد ہوں یا مرکب، مادی اجسام میں خدوخال بنتی ہیں اور خدوخال کو ہر دوسرے فرد پر منعکس کرتی ہیں۔ کائنات میں جتنی بھی موجودات ہیں وہ مرئی ہیں یا غیر مرئی ہیں۔ روشنی کا جسم غیر مرئی ہے جب کہ گوشت پوست کا جسم مرئی ہے۔ جس طرح مرئی جسم میں خدوخال ہوتے ہیں اسی طرح غیر مرئی جسم میں خدوخال ہوتے ہیں۔ غیر مرئی جسم کو ہیولیٰ کہتے ہیں۔ کسی چیز کی موجودگی پہلے ایک تمثل یا ہیولیٰ کی شکل میں وجود پزیر ہوتی ہے اور اس کے بعد جسمانی خدوخال میں مظاہرہ کرتی ہے۔

As long as the form remains within the *Heulā*, it is referred to as "*Nasmah Mufrad*". When *Nasmah Mufrad* manifests itself in a physical body, it is then called "*Nasmah Murakkab.*"

جب تک شکل وصورت ہیولیٰ کے اندر موجود ہے نسمہ مفرد ہے۔ جب نسمہ مفرد مادّی جسم میں اپنا مظاہرہ کرتا ہے تو اسکو نسمہ مُرکّب کہتے ہیں۔

Nisbat

Nisbat refers to a specific state of consciousness attained by the *Sālik*. For example, the individual becomes firmly aware that he is a created being and that his Creator is Allah.

نسبت

نسبت کے معنی یہ ہیں کہ سالک کوایک مخصوص طرزفکر حاصل ہوجائے۔ مثلاً بندہ یہ جان لے، سمجھ لے اور اسکے ذہن میں یہ بات راسخ ہوجائے کہ میں مخلوق ہوں اور میرا خالق اللہ ہے۔

Nisbat 'Ilmīyah

Nisbat 'Ilmīyah refers to the contemplative values established by the *Auliyā* Allah to comprehend the Divine Essence of Allah and the *Anvār* (Divine illuminations) of the Holy Prophet (PBUH).

نسبت علمیہ

علمائے باطن اولیاء اللہ نے اللہ کی ذات اور حضور ﷺ کے انوار کو سمجھنے کے لئے طرزفکر کی قدریں قائم کی۔ اس طرز فکر کو حاصل کرنے کے لئے جو قاعدے اور ضابطے متعین کئے گئے۔ ان کا اصطلاحی نام "نسبت علمیہ" ہے۔

Nisbat 'Ishq

Nisbat 'Ishq refers to an association deeply rooted in love. The *Laṯīfah(s)* of the *Sālik*, initially reflecting his own personal hues, begin to take on the colour of the *Murshid* (spiritual guide). Through this transformative process, *Anvār Ilāhīyah* (Divine illuminations of Almighty) continuously descend upon the *Laṯīfah(s)*. Consequently, the roots of the *Sālik's* love for Allah become increasingly strong.

نسبت عشق

سالک کے لطیفے اپنے ذاتی رنگ سے نکل کر پیرومرشد کے رنگ میں رنگ جاتے ہیں اور یہ نسبت جب پیرومرشد سے منتقل ہو کر لطیفوں کو رنگین کر دیتی ہے تو لطیفوں پر پے در پے انوار الٰہیہ کا نزول ہوتا ہے اور اس طرح اللہ کے ساتھ عشق کی جڑیں مضبوط ہو جاتی ہیں۔

Nisbat Jazb

Nisbat Jazb is the profound association in which the *Sālik* perceives Allah in everything, whether existent or non-existent, in every direction. Immersed in this perception, the *Sālik* eventually relinquishes his own consciousness, surrendering completely to the divine illuminations of this association.

نسبت جذب

یہ وہ نسبت ہے جس میں سالک کو ہر سمت ہر طرف ہر لاموجود اور موجود شے میں اللہ نظر آنے لگتا ہے۔۔۔ سالک ان میں اس طرح گھر جاتا ہے کہ نکلنے کی کوئی راہ نہیں ملتی تو عقل و شعور سے دستبردار ہو کر خود کو اس نسبت کی روشنیوں کے رحم و کرم پر چھوڑ دیتا ہے۔

Nisbat Sukainah

Nisbat Sukainah refers to the association where the *Sālik* either immerses themselves into a *Rūḥānī* personality or absorbs a *Rūḥānī* personality into their own being.

نسبت سُکینہ

نسبت سکینہ کی تعریف یہ ہے کہ پہلے سالک کسی روحانی آدمی کے اندر خود کو جذب کر دیتا ہے یا کسی روحانی آدمی کو اپنے اندر جذب کر لیتا ہے۔

Nisbat Uvaisīyah

Nisbat Uvaisīyah involves the transfer of knowledge into the soul of the *Sālik*, where it emerges like a spring. This spring, or treasure of knowledge, flows within and eventually overflows outward like a fountain.

نسبت اُویسیہ

اس نسبت میں سالک کی روح میں علوم منتقل کردیئے جاتے ہیں اور وہاں سے یہ علوم چشمے کی طرح پھوٹ پڑتے ہیں اور پھر یہی چشمہ یا علوم کا خزانہ اندر ہی اندر بہتے ہوئے فوارے کی طرح ابل پڑتا ہے۔

Nisbat Vaḥdat

Nisbat Vaḥdat refers to the state of attaining a profound connection with Allah.

نسبت وحدت

اللہ تعالیٰ کے ساتھ نسبت حاصل ہونا نسبت وحدت ہے۔

Nūr-i Firāsat

When the Divine Illuminations flow from *Nuqtah-i Ẕāt* towards manifestation accumulates, it creates a *Nūr* in the human mind. This *Nūr* has been termed as *Nūr-i Firāsat* by the Holy Prophet Muhammad (may Allah shower blessings and peace upon him.)

نُورِ فراست

نقطہ ذات سے مظہر کی طرف بہنے والی نورانی رو جب ذخیرہ ہوجاتی ہے تو انسانی ذہن میں ایک نور پیدا ہوجاتا ہے۔ اسی نور کو حضور علیہ الصلوٰۃ والسلام نے نُورِ فراست کہا ہے۔

N

Nūr, Tashakhkhus, Tamas̱s̱ul, Taḥaqquq

There are five senses, and they operate in two distinct ways. One type perceives through the corporal eyes, while the other perceives through the soul's eyes, as the object is invisible to the physical eyes. In *Taṣavvuf*, the figure and form perceived by the corporal eye is referred to as "*Tashakhkhus*," while the object perceived by the soul's eye is known as "*Taḥaqquq*" or "*Tamas̱s̱ul*." The most crucial aspect of these observations, whether seen by the corporal eyes or the soul's eye, is the fundamental role of light, which is seen through *Nūr*; *Nūr* itself is visible and also serves as the medium for showing other lights.

نُور، تشخّص، تمثّل، تحقّق

حواس پانچ ہیں اور ان میں دو طرح حرکت ہوتی ہے۔ ایک حرکت یہ ہے کہ مادی آنکھ دیکھتی ہے اور دوسری حرکت یہ ہے کہ مادی آنکھ سے وہ چیز اوجھل ہوتی ہے لیکن روحانی آنکھ دیکھتی ہے۔ جس شکل و صورت کو مادی آنکھ دیکھتی ہے تصوف میں اسے "تشخّص" کہتے ہیں۔ اور جس شکل و صورت کو روحانی آنکھ دیکھتی ہے اسے "تحقّق" یا "تمثّل" کہا جاتا ہے۔ دیکھنے کی طرزوں میں یہ بات زیادہ اہم ہے کہ وہ چیز مادی آنکھ سے دیکھی جائے یا روحانی آنکھ سے دیکھا جائے دونوں صورتوں میں روشنی بنیاد ہے اور روشنی نور سے نظر آتی ہے۔ نور خود بھی نظر آتا ہے اور دوسری روشنیوں کے دکھانے کا ذریعہ بھی ہے۔

Nuqtah-i Vaḥdānī

Nuqtah-i Vaḥdānī refers to the Divine Will of Allah.

نقطۂ وحدانی

اللہ تعالیٰ کے ارادہ کو نقطۂ وحدانی کہتے ہیں۔

Nuqtah-i Z̲āt

Nuqtah-i Z̲āt contains a specific measure of light that maintains the balance between angelic and humanistic qualities. If this light diminishes, animalistic and materialistic urges intensify.

نقطۂ ذات

نقطۂ ذات میں روشنیوں کی ایک معیّن مقدار ہوتی ہے۔ جو مَلکیّت اور بشرِیَّت کا توازن قائم رکھتی ہے۔ اگر اس روشنی کی مقدار کم ہو جائے گی تو حیوانی اور مادّی تقاضے بڑھ جائیں گے۔

Q

Qurb-i Navāfil, Sālik

The excellence of humanity lies in awakening to direct vision. The Prophets (peace be upon them) possessed a firm mode of direct vision. There are two paths to achieve this state of thought: one is the path of *Takvīnī*, and the other is the path of *Qurb-i Navāfil*, followed by the *Auliyā* (saints). *Qurb-i Navāfil* encompasses all the practices that are common in every society and that every individual adheres to, such as *Ṣalāt*, *Roza* (fasting), *Hajj* (pilgrimage to Mecca), *Zakāt* (almsgiving), the rights of others, services to creation, worship, remembrances, meditations, and spiritual invocations. Through *Qurb-i Navāfil*, the *Laṭā'if* (The subtle centers in the *Jism-i Mis̱ālī*) of a person become vibrant, granting them the status of a *Sālik*.

قربِ نوافل، سالک

انسانی فضیلت یہ ہے کہ اسکے اندر براہ راست دیکھنے کی طرز متحرک ہو جائے۔ انبیاء علیہم السلام براہ راست دیکھنے کی مستحکم طرز فکر رکھتے ہیں۔ اس طرز فکر کو حاصل کرنے کے دو راستے ہیں۔ ایک راستہ تکوینی ہے اور ایک راستہ قرب نوافل والے اولیاء کرام کا ہے۔

قرب نوافل میں وہ تمام احکامات شامل ہیں جو ہر معاشرے میں رائج ہیں اور جن میں معاشرے کا ہر فرد بندھا ہوا ہے مثلاً نماز، روزہ، حج، زکوٰۃ، حقوق العباد، عبادات، اذکار، مراقبہ جات، وظائف و اوراد وغیرہ۔ قرب نوافل کے دائرے میں آتے ہیں۔ قرب نوافل کے ذریعے کسی آدمی کے لطائف رنگین ہو جاتے ہیں اور لطائف کی رنگینی ہونے کے بعد وہ سالک کہلانے کا مستحق ہے۔

R

Rab

Rab refers to Almighty Allah, the Cherisher and Sustainer. The first awareness the cosmos had was of the divine voice of Allah. When the cosmos turned its attention to this voice, it recognized the presence of a being introducing Himself as the *Rab*, the one who created us, granted us knowledge, bestowed hearing and sight, and provided resources for our sustenance.

رب

رب سے مراد اللہ رب العزّت ہے۔جو پالنے والا ہے۔ کائنات کے افراد کو سب سے پہلے جس چیز کا علم ہوا وہ اللہ کی آواز تھی۔ کائنات جب اس آواز کی طرف متوجہ ہوئی تو اس نے دیکھا ایک ہستی ہے۔جو رب کی حیثیت سے اپنا تعارف کرا رہی ہے۔ یعنی ایک ہستی جس نے ہمیں پیدا کیا، علم بخشا، سماعت اور نگاہ منتقل کی اور ہمارے لئے وسائل پیدا کئے۔

Rūḥ

Rūḥ is a word emanating from the mind of Allah. Since Allah is Eternal, Unchanging, and beyond decay, the word of Allah is also immutable and ever vibrating, remaining in constant motion from the beginning of time and continuing indefinitely.

رُوح

روح اللہ کے ذہن سے نکلا ہوا ایک لفظ ہے۔ چونکہ اللہ تعالیٰ لامتناہی ہیں اور غیر متغیّر ہیں، شکست و ریخت سے ماوراء ہیں۔ اس لئے اللہ تعالیٰ کا لفظ بھی لاتغیّر ہے مسلسل حرکت میں ہے۔

R

Rūḥ Ā ʻẓam

Rūḥ-e-Aʻẓam is constituted by the realms of *Laṭīfah Akhfā* and *Laṭīfah Khafī*. The first movement is the desire to know something. When we intend to know something or when the movement of our mind is directed towards understanding, this process occurs in *Laṭīfah Akhfā*. The act of knowing takes place in *Laṭīfah Akhfā* and is then recorded by *Laṭīfah Khafī*.

رُوح اعظم

روح اعظم لطیفہ اخفیٰ اور خفی کے دائرے کا مرکب ہے۔ پہلی حرکت کسی چیز کو جاننا ہے۔ جب ہم کسی چیز کو جاننے کا ارادہ کرتے ہیں یا ہمارے ذہن کی حرکت کسی چیز کو جاننے میں استعمال ہوتی ہے تو یہ عمل لطیفہ اخفیٰ میں ہوتا ہے۔ جاننا لطیفہ اخفیٰ میں واقع ہوتا ہے اور اسکو لطیفہ خفی ریکارڈ کرلیتا ہے۔

Rūḥ Insānī

Rūḥ Insānī is constituted by the realms of *Laṭīfah Sirrī* and *Laṭīfah Rūḥī*. It is also known as *Rūḥ Insānī, Nasmah Mufrad,* or *ʻAin*. After the act of knowing, the next action is to experience a feeling. This process begins in *Laṭīfah Sirrī* and is then recorded by *Laṭīfah Rūḥī*.

رُوح انسانی

روح انسانی لطیفہ سرّی اور روحی کے دائرے کا مرکّب ہے اس کو روح انسانی، نسمہ مفرد یا عین بھی کہا جاتا ہے. جاننے کے بعد دوسری حرکت کسی چیز کو محسوس کرنا ہے۔ محسوس کرنا لطیفہ سرّی کا عمل ہے۔ لطیفہ سرّی میں محسوساتی عمل شروع ہوتا ہے جس کو لطیفہ روحی ریکارڈ کرلیتا ہے۔

R

Rūḥ Ḥaivānī

Rūḥ Ḥaivānī is constituted by the realms of *Laṭīfah Nafsī* and *Laṭīfah Qalbī*. It is also known as *Nasmah Murakkab* or *Javayya*. The emergence of desire, leading to actions aimed at fulfilling that desire, is the function of *Laṭīfah Qalbī* and *Laṭīfah Nafsī*. In *Laṭīfah Qalbī*, after knowing and feeling, action takes place and is then recorded in *Laṭīfah Nafsī*.

رُوح حیوانی

روح حیوانی لطیفہ نفسی اور قلبی کے دائرے کا مرکّب ہے اس کو نسمہ مرکّب یا جویّہ بھی کہا جاتا ہے۔ خواہش اور عمل کا صادر ہونا لطیفہ قلبی اور لطیفہ نفسی کی حرکت ہے۔ لطیفہ قلبی میں جاننے اور محسوس کرنے کے بعد عمل واقع ہوتا ہے اور یہ عمل لطیفہ نفسی میں ریکارڈ ہوتا ہے۔

Rūḥānīyat

Rūḥānīyat refers to a mindset characterized by neutrality and self-negation, wherein the mind is emptied and wholly devoted to Allah. As the process of self-annihilation unfolds within a person, the features of the subconscious life begin to emerge. Gradually, the individual becomes capable of perceiving unseen impressions.

رُوحانیت

روحانیت سے مراد ایسی طرز فکر کا ہونا ہے جس میں غیر جانبداری ہو، اپنی ذات کی نفی اس طرح ہو کہ خالی الذّہن ہو جائے اور ہر شے کا رخ اللہ کی طرف موڑ دیا جائے۔ جیسے جیسے آدمی کے اندر فنا کا پروگرام متحرّک ہوتا ہے اسی طرح اس کے اوپر لاشعوری زندگی کے خدوخال ظاہر ہوتے ہیں۔ آہستہ آہستہ وہ غیب کے نقوش کو معلوم کرنے میں کامیاب ہو جاتا ہے۔

R

Rūyat

When an individual traverses through three levels of subconsciousness—*Nūr Mufrad, Nūr Murakkab, and Nasmah Mufrad*—and enters the fourth level, this state is referred to as *Rūyat*.

رویت

تین لاشعوروں (نور مفرد،نور مرکّب اور نسمہ مفرد) سے گزر کر جب آدمی چوتھے شعور میں داخل ہوتا ہے۔اس حالت کو رویت کہا جاتا ہے۔

S

S̱ābtah

In the language of *Rūḥāniyat, Taḥt-ush-Shu'ūr* is referred to as *S̱ābtah*. For thought to become manifest, it must traverse three spheres:

1. *S̱ābtah*
2. *Ā'yān*
3. *Javayya*

S̱ābtah contains the information of existence from eternity to eternity. It is also termed as *Rūḥ Ā'ẕam*.

ثابتہ

روحانی زبان میں تحت الشُّعُور کو ثابتہ کہتے ہیں۔ خیال کو مظہر بننے کے لئے تین دائروں میں سفر کرنا پڑتا ہے۔

۱۔ ثابتہ

۲۔ اعیان

۳۔ جویہ

ثابتہ میں ازل سے ابد تک کی معلومات نقش ہیں۔ ثابتہ کا اصطلاحی نام روح اعظم ہے۔

Ṣādir-ul-'Ain, 'Ain

Light is of two types. One type is perceived through the outward aspect of vision, while the other is perceived through the inner aspect. The light perceived from within has been uniform since eternity; it does not change and lacks any designs or patterns, though it possesses self-awareness. This type of light, uniform since eternity, is called *Ṣādir-ul-'Ain*. Conversely, the light that is not uniform since eternity and changes, as it does not affirm constancy, is called *'Ain*.

صادر العین، عین

روشنی کی دو قسمیں ہیں ۔ ایک روشنی وہ جو ہم نگاہ کے ظاہری رخ سے دیکھتے ہیں اور دوسری روشنی کی وہ قسم ہے جو ہم نگاہ کے باطنی رخ سے دیکھتے ہیں۔ یہ ازل سے یکساں حالت پر قائم ہے۔ اس روشنی میں کوئی تغیّر یا نقش و نگار نہیں ہوتا البتّہ ذات کا ادراک ہوتا ہے۔ ازل سے یکسانیت پر قائم رہنے والی روشنی کا نام صادر العین ہے۔ روشنی کی دوسری اصل جو ازل سے یکسانیت پر قائم نہیں ہے اور یکسانیت پر قائم نہ ہونے کی وجہ سے جس میں تغیر ہوتا رہتا ہے اُس کا نام عین ہے۔

S

Sair

Through meditation, a *Sālik* develops the capacity to perceive both ends of time and space. They can observe events and conditions from thousands of years in the past or millions of years in the future. This state is known as “*Sair*” in the terminology of the *‘Ārifīn*.

سیر

سالک میں مراقبہ کے ذریعے اتنی وسعت پیدا ہوجاتی ہے کہ مکان و زمان کے دونوں کنارے اس کے سامنے آجاتے ہیں اور سالک ہزاروں سال پہلے کے یا لاکھوں سال بعد کے حالات و واقعات کو دیکھ لیتا ہے۔ اس کیفیت کو عارفین کی اصطلاح میں ”سیر“ کہتے ہیں۔

Ṣāḥib-i Irshād

The literal meaning of *Ṣāḥib-i Irshād* is "The Guide" or "The One Who Provides Guidance." *Ṣāḥib-i Irshād* and those endowed with *Qurb-i Navāfil*, among the *Auliyā Karām*, strive to attain direct mode of thinking—one that is aligned with the Will of Allah and free from their own interpretation of events—through their dedicated efforts, endeavours, and struggles in the path of Allah.

صاحب ارشاد

صاحب ارشاد کے لغوی معنی ”ہدایت دینے والا، رہنما“ کے ہیں۔ صاحب ارشاد اور قرب نوافل والے اولیاء کرام براہ راست طرز فکر کو اپنی محنت کوشش اور مجاہدوں سے حاصل کرنے کی جدوجہد کرتے ہیں۔

Ṣalắt

Ṣalắt is a duty of the soul, encompassing a range of human movements and states of repose (e.g., standing, sitting, raising the hands, speaking, reading, listening, seeing, crossing the arms, bending, standing again, prostrating, sitting, prostrating again, rising, and looking around). Reflecting on all the postures and actions involved in establishing *Ṣalắt* reveals that it encompasses every aspect of human activity, and all these physical movements are performed solely for Allah. *Ṣalắt* serves as a program that aligns the mind and movements of a person with Allah. The practice of *Ṣalắt* instills in man the understanding that Allah is watching him, and that he is watching Allah.

صلوٰۃ

صلوٰۃ روح کا وظیفہ ہے۔ نماز مجموعی طور پر ایک ایسا عمل ہے کہ جس عمل میں تمام انسانی حرکات و سکنات کو سمو دیا گیا ہے۔ مثلاً کھڑے ہونا ہاتھ اوپر اٹھانا، بولنا، پڑھنا، سننا، دیکھنا، ہاتھ باندھنا جھکنا، جھک کر دوبارہ کھڑے ہونا، کھڑے ہونے کے بعد لیٹنا (سجدے کی حالت) لیٹنے کے بعد بیٹھنا، بیٹھنے کے بعد پھر لیٹنا، پھر کھڑے ہونا ادھر ادھر دیکھنا۔ نماز کے ارکان پر غور کرنے سے معلوم ہوتا ہے کہ نماز زندگی کے ہر عمل اور زندگی کی ہر حرکت کا احاطہ کرتی ہے اور یہ ساری جسمانی حرکات و سکنات بندہ اللہ کے لئے کرتا ہے. نماز ایک ایسا پروگرام ہے جس پروگرام کی کامیابی کے نتیجے میں انسان کا ذہن اور ذہن کی ہر حرکت اور ہر عمل اللہ تعالیٰ سے وابستہ ہو جاتا ہے۔ نماز قائم کر کے بندہ یہ دیکھ لیتا ہے کہ اللہ اسے دیکھ رہا ہے یا وہ اللہ کو دیکھ رہا ہے۔

S

Shu'ūr, *Lā-Shu'ūr*, *Taḥt-ush-Shu'ūr*

When a person sits down to write an essay, they may initially lack a clear order of the content or its descriptions. However, as soon as they begin writing, thoughts naturally spring to mind, forming words, and the meaning gradually takes shape. This process can be explained in three ways:

1. One possibility is that the essay existed in an abstract form somewhere.
2. The second scenario is that the content of the essay was transformed from its prior existence into words.
3. And the third scenario is that the pre-existing words emerged on paper.

From the perspective of *Rūḥāniyat*, the state where the essay and its meaning existed beforehand is known as the *Taḥt-ush-Shu'ūr* state. When the meaning is transformed into words, it enters the *Lā-Shu'ūr* (subconscious) state; and when it becomes manifest as text on paper, it transitions into the *Shu'ūr* (conscious) state.

شعور، لاشعور، تحت الشعور

ایک آدمی مضمون لکھنے بیٹھتا ہے۔ جس وقت مضمون لکھنے بیٹھتا ہے اس کے ذہن میں نہ مضمون کے اجزائے ترتیبی ہوتے ہیں اور نہ تفصیل۔ مگر جس وقت وہ لکھنا شروع کرتا ہے تو خود بخود ذہن میں الفاظ بننے لگتے ہیں اور مفہوم لفظوں کی شکل میں ڈھل جاتا ہے۔ اب تین صورتیں ہیں:

ایک یہ کہ مضمون کہیں موجود ہے....

دوسری صورت یہ ہے کہ مضمون جس مفہوم میں موجود تھا اس نے لفظوں کی صورت اختیار کرلی....اور

تیسری صورت یہ ہے کہ لفظ کاغذ کے اوپر مظہر بن گئے۔

روحانی نقطہ نظر سے وہ مقام جہاں مضمون مفہوم کے ساتھ موجود تھا تحتَ الشّعور ہے....اور

جب مفہوم الفاظ کی شکل میں منتقل ہوگیا تو لاشعور ہے...

اور یہی مفہوم جب عبارت بن کر کاغذ کے اوپر نقش ہوگیا تو شعور ہے۔

S

Shuhūd

In the terminology of *Taṣavvuf*, *Shuhūd* denotes the simultaneous perception of both the outer and inner realms.

شہود

ظاہر اور باطن دونوں دنیاؤں میں بیک وقت دیکھنا تصوّف کی اصطلاح میں شہود کہلاتا ہے۔

Sidrat-ul-Muntahā́

Sidrat-ul-Muntahā́ is the realm situated beneath *Hijāb-i Mahmūd* and marks the ultimate boundary for the flight of the closest rank angels.

سدرۃ المنتہیٰ

سدرۃ المنتہیٰ مقرّب فرشتوں کی پرواز کی انتہا ہے۔

T

Tadallā́, *Khalā'e Nūr*, *Nuqtah-i Vaḥdānī*

When *Nuqtah-i Vaḥdānī* (the will of Allah) manifests, it expresses itself as *Khalā'e Nūr* within the *Nūr*. The will of Allah, which created the cosmos with the command "*Kun*," is devoid of any need because Allah Himself is The Creator. As The Creator, He requires no cause or resources. Despite the absence of causes and resources in the *Khalā'e Nūr*, forms and appearances were brought into existence by the mere command "*Kun*."

This fact reveals that *Khalā'e Nūr* and the will of The Creator are one and the same, forming the foundation of the cosmos. This concept is referred to as *Tadallā́* in the *Holy Qur'ān*. In the terminology of *Taṣavvuf*, *Asmā'e Iṭlāqīyah* denotes the boundary of *Tadallā́*. The record and the light in which it is read are also called *Tadallā́*. All events of birth, growth, and decay are inscribed within it. Adam (the progenitor of humanity) was given the knowledge of *'Ilm-ul-Asmā'*, a knowledge that has been inherited by his progeny and is possessed by no one else in the cosmos. It was on this basis that the angels prostrated before Adam (PBUH). *Tadallā́* is the knowledge of *'ilm-ul-Asmā'* entrusted by Allah to Adam (PBUH). The fourth division of *Takvīn* is called *Tadallā́*, indicating that the wisdom of Divine Decree and Decisions was established within the framework of the administrative affairs for the created beings in the cosmos.

تدلّٰی، خلائے نور، نقطۂ وحدانی

اللہ کا ارادہ (نقطۂ وحدانی) جب متحرّک ہوتا ہے تو خلائے نور کو نور کی شکل میں ظاہر کرتا ہے۔ اللہ کا ارادہ جس نے "کُن" کہہ کر کائنات کی تخلیق کی کسی سبب کی احتیاج نہیں رکھتا کیونکہ اللہ تعالیٰ خود خالق ہیں۔ انہیں بحیثیت خالق کسی سبب یا وسیلے کی احتیاج نہیں ہے۔ خلائے نور میں وسائل واسباب موجود نہ ہونے کے باوجود اللہ نے جب "کُن" فرمایا تو "کُن" کہتے ہی خلائے نور میں شکلیں اور صورتیں بن گئیں۔ اس حقیقت سے یہ بات منکشف ہوئی کہ خلائے نور اور خالق کا ارادہ ایک ہی حقیقت ہیں اور یہی حقیقت کائنات کی تعمیر کی بنیاد ہے۔ قرآن پاک میں اس حقیقت کو تدلّٰی کا نام دیا گیا ہے۔

تصوف کی زبان میں اسمِ اطلاقیہ کی حدود صفت تدلّٰی کہلاتی ہے۔ ریکارڈ اور روشنی کا نام جس میں ریکارڈ پڑھا جاتا ہے تدلّٰی ہے۔ پیدائش، عروج و زوال کی تمام مصلحتیں اسی تدلّٰی میں مندرج ہیں۔ آدم کو علم الاسماء عطا کیا گیا ہے جو کائنات میں کسی کو حاصل نہیں ہے اور یہ علم الاسماء ہی ہے جس کی بنیاد پر فرشتوں نے آدم کو سجدہ کیا۔ جو علم آدم کو اللہ تعالیٰ کی طرف سے ودیعت کیا گیا ہے اس کو "تدلّٰی" کہتے ہیں۔ تدلّٰی تکوین کا چوتھا شعبہ ہے۔ اس کا مطلب یہ ہے کے افراد کائنات میں انتظامی امور کے تحت قضا و قدر کی حکمت اور فیصلے مرتّب ہو گئے۔

Tajallī Mutlaq

The soul comprises six faculties: two internal and four external. The internal faculties refer to *Tajallī Mutlaq*, while the external faculties pertain to movement, design, and patterns.

تجلّی مطلق

روح کے چھ شعبے ہیں دو شعبے باطنی ہیں اور چار شعبے ظاہری ہیں۔ باطنی شعبوں سے مراد تجلّی مطلق ہے اور ظاہری شعبوں سے مراد حرکت اور نقش و نگار ہیں۔

Tadbīr

When the *Ism-i Konīyah* manifests its qualities or when its qualities takes on manifest features, the process of distinguishing these features from one another is called "*Tadbīr*." The third division of *Takvīn* is *Tadbīr*, in which all the actions and movements of existence are systematically arranged in terms of time and space.

تدبیر

اسم کونیہ جب اپنی صفات میں مظہر بنتا ہے یا اسم کونیہ کی صفات مظاہراتی خد و خال اختیار کرتی ہیں تو ان مظاہراتی خد و خال کو ایک دوسرے سے جدا کرنے کو تدبیر کا نام دیا جاتا ہے۔ تکوین کا تیسرا شعبہ "تدبیر" ہے۔ جس میں موجودات کی زندگی کے تمام اعمال و حرکات ترتیب (زمان و مکاں) کے ساتھ مرتّب ہو گئے۔

Tajallī, Nūr, Raushnī

Allah's knowledge is *Tajallī*, the Divine manifestation, which transforms into *Nūr* as it descends, and further descends to become *Raushnī*, perceptible and manifest.

تجلّی، نور، روشنی

اللہ کا علم تجلّی ہے۔ تجلّی تنزّل کرتی ہے تو نور بن جاتی ہے اور نور تنزّل کرتا ہے تو روشنی بن جاتی ہے۔

T

Takvīn

The term *Takvīn* refers to the comprehensive program that encompasses the foundational principles, norms, and formulae upon which the cosmos was created and by which it continues to operate.

تکوین

کائنات جن اصولوں قاعدوں اور فارمولوں پر تخلیق کی گئی ہے جن قاعدوں، ضابطوں، مقداروں پر کائنات چل رہی ہے ان سب امور کے یکجائی پروگرام کا نام تکوین ہے۔

Talvīn

Talvīn refers to the disciplined practice of staying awake for twenty-one hours and twenty minutes.

تلوین

اکیس گھنٹے اور بیس منٹ تک جاگنے کے عمل کو تلوین کہتے ہیں۔

Tanazzul Avval, Shuʿūr Avval, Nūr Mufrad

When Allah separated the program in His mind according to His will and manifested it, this state is known as *Tanazzul Avval*. The first level of consciousness is known as *Nūr Mufrad*, and it is also referred to as *Shuʿūr Avval*.

تنزّل اوّل، شعور اوّل، نور مفرد

جب اللہ نے اپنے ذہن میں موجود پروگرام کو اپنی مرضی سے الگ کیا اور اسکا مظاہرہ ہوا تو اس حالت کا نام تنزّل اوّل ہے۔ پہلے شعور کا نام نور مفرد ہے اور اسکو شعور اوّل بھی کہتے ہیں۔

Taṣarruf

تصرّف

Taṣarruf refers to the alteration of the features or form of an object; it also implies making human thoughts, intentions, and will subservient to this *Taṣarruf*.

تصرّف یہ ہے کہ کسی شے کے خدوخال میں تبدیلی واقع ہو جائے۔ تصرّف یہ بھی ہے کہ انسانی خیالات، ارادے اور اختیار کو تصرّف کے تابع کر دیا جائے۔

Taṣavvuf

تصوّف

The literal meaning of *Taṣavvuf* is embarking on a path to purify the heart and to seek the *Irfān* of Allah.

تصوّف کا مفہوم ایسا راستہ اختیار کرنا ہے جس کے ذریعے سے صفائی قلب اور عرفان الٰہی کا حصول ہوتا ہے۔

V

Vaḥdat, *Kas̱rat*

Whether it is one individual or millions, whether the vision is individual or collective, the process of seeing is inherently the same. In *Taṣavvuf*, this common level of vision is referred to as *Vaḥdat* (Unity). *Kas̱rat* in *Taṣavvuf* denotes a level of vision that allows one to perceive things hidden from others in the cosmos.

However, it is important to understand that *Kas̱rat* is also a form of *Vaḥdat*. In the context of cosmic relationships, vision is fundamentally *Vaḥdat*, but when it takes on the perspective of *Kas̱rat*, it discerns and understands a diversity of meanings. This differentiation in seeing is the essence of *Kas̱rat*.

وحدت، کثرت

ایک فرد ہو یا کروڑوں افراد ہوں نگاہ انفرادی ہو یا اجتماعی ایک ہی طرح دیکھتی ہے۔ دیکھنے کی مشترک سطح کو تصوّف میں وحدت کہتے ہیں۔ نگاہ کی دوسری سطح یہ ہے کہ جو کچھ نگاہ دیکھتی ہے وہ کائنات کے دوسرے افراد سے مخفی ہوتا ہے۔ نگاہ کی دوسری سطح کو تصوّف میں کثرت کہتے ہیں۔

لیکن یہ بات اپنی جگہ اہم ہے کہ کثرت بھی وحدت کی ایک نگاہ ہے۔ کائناتی رشتے کے اعتبار سے نگاہ وحدت ہے۔

البتہ جب نگاہ کثرت کے زاویے میں داخل ہوتی ہے تو نگاہ جو کچھ دیکھتی ہے اس کا مفہوم الگ الگ دیکھتی اور سمجھتی ہے۔ الگ الگ دیکھنا کثرت کی تخلیق ہے۔

V

Vaḥdat-ul-Vujūd, Vaḥdat-ush-Shuhūd

Everything a person expresses within their limited understanding or cognitive abilities is ultimately their own constrained thought. When we speak of the Oneness of Allah, we are merely reflecting our limited human perspective. It is impossible to fully encapsulate any attribute of The Lord in words. In truth, when individuals reference the infinite qualities of The Omniscient, they only highlight their own finiteness. What we truly mean to convey is that our understanding of the attributes of Allah is limited to this extent. Since even the most expansive human vision is restricted, it perceives nothing beyond its own scope and cannot grasp that there is more beyond what is visible. In this helplessness, we refer to the incomprehensible realm as *Vaḥdat-ul-Vujūd* or *Vaḥdat-ush-Shuhūd*.

The last Prophet, Hazrat Muhammad (Peace Be Upon Him), said,

> *"The right to recognition has not been fulfilled by us."*

Allah says in the *Qur'ān*, *"And if all the trees On earth were pens And the Ocean (were ink), With seven Oceans behind it To add to its (supply), Yet would not the Words Of Allah be exhausted (In the writing) : for Allah Is Exalted in power, Full of Wisdom."*
(Chapter *Luqman*(31), Verse 27)

وحدت الوجود، وحدت الشہود

انسان اپنی محدود فہم کے مطابق یا محدود فکری صلاحیت کے مطابق جو کچھ بیان کرتا ہے وہ انسان کی اپنی محدود فکر ہے۔ جب ہم اللہ تعالیٰ کی وحدانیت بیان کرتے ہیں تو دراصل اپنی ہی محدود فکری صلاحیتوں کا تذکرہ کرتے ہیں۔ یہ ممکن ہی نہیں ہے کہ کسی لفظ کے ذریعے اللہ تعالیٰ کی صفات کا مکمل احاطہ ہو سکے۔ انسان اللہ تعالیٰ کی صفات کے بارے میں جس لامحدودیت کا اظہار کرتا ہے فی الواقع وہ اپنے محدود دائرہ کا تذکرہ کرتا ہے۔ یعنی ہم یہ کہنا چاہتے ہیں کہ ہم نے اللہ تعالیٰ کی صفات کو اس حد تک سمجھا ہے۔ چونکہ انسان کی لامحدود نگاہ بھی محدود ہے اس لئے آگے اور آگے اسے کچھ نظر نہیں آتا۔

اس کے اِدراک میں یہ بات نہیں آتی کہ جو دیکھا ہے اس سے آگے بھی کچھ ہے۔ وہ بے بسی کی حالت میں سمجھ میں نہ آنے والے عالم کا نام وحدت الوجود یا وحدت الشہود رکھ دیتا ہے۔

آخری نبی سیدنا حضور علیہ الصلوٰۃ والسّلام کا ارشاد ہے

ترجمہ: "پہچاننے کا جو حق ہے وہ ہم سے پورا نہیں ہوا"۔

اللہ تعالیٰ فرماتے ہیں

"زمین میں جتنے درخت ہیں اگر وہ سب کے سب قلم بن جائیں اور سمندر (دوات بن جائے) جسے سات مزید سمندر روشنائی مہیا کریں تب بھی اللہ کی باتیں لکھنے سے ختم نہ ہوں گی۔ بے شک اللہ زبردست اور حکیم ہے"۔ (سورۃ لقمان۔ آیت 27)

V

Vāhmah, khayāl, Taṣavvur, Eḥsās, Maẕhar

The effects of *Mufrad* and *Murakkab* waves give rise to the senses. When these waves descend upon the human mind, they create a faint pressure—so subtle that it escapes the detection of the senses. This slight, imperceptible pressure, whether linked to an action or related to the past or present, is known as "*Vāhmah*" (Subtlety). As this pressure intensifies, it generates a delicate vibration within the senses, gradually sketching an outline over the image in the mind. The sketch grows deeper, becoming more discernible. In Sufi terminology, this state is called "*Khayāl*" (Thought). As the descent of light deepens, and the patterns within the mind become sharper, the individual begins to sense that a specific thought is taking shape. This state is referred to by Sufis as "*Taṣavvur*" (Perception). The process continues, and following perception, it leads to the stage of realization. When realization reaches a certain depth, the previously concealed colours within the waves of *Nasmah* start to emerge. This signifies that realization itself takes on a richness, a vibrancy of color. With this newfound colourfulness, *Vāhmah* (Subtlety), *Khayāl* (Thought), *Taṣavvur* (Perception), and *Eḥsās* (Realization) transform fully into *Maẕhar*, taking on their complete form.

(Refer to page ii, Origin of Thought, pictorial illustration.)

واہمہ، خیال، تصوّر، احساس، مظہر

مفرد اور مرکب لہروں کے تاثرات سے حسیں بنتی ہیں۔ یہ لہریں انسانی دماغ کے اوپر جب نزول کرتی ہیں تو دماغ کے اوپر ہلکا سا دباؤ پڑتا ہے۔ اتنا ہلکا دباؤ کہ حواس کے دائرہ کار میں نہیں آتا، یہ ہلکا سا دباؤ زندگی کے کسی عمل سے تعلق ہو یا ماضی اور حال سے متعلق ہو، واہمہ کہلاتا ہے۔ جب یہ دباؤ ذرا زیادہ ہوتا ہے تو حواس میں ہلکا سا ارتعاش ہوتا ہے اس ارتعاش سے ذہن کے اوپر بنی ہوئی تصویر میں خاکہ بنتا ہے اور تصویر اس خاکہ میں گہرائی محسوس کرتی ہے۔ اہل تصوف اس کیفیت کو "خیال" کہتے ہیں۔ روشنیوں کا نزول جب اور گہرا ہوتا ہے اور دماغ کے اوپر نقش و نگار زیادہ واضح ہو جاتے ہیں تو ذہن میں یہ بات آنے لگتی ہے کہ فلاں چیز کے بارے میں خیال آرہا ہے اہل روحانیت اس کیفیت کو "تصوّر" کہتے ہیں۔ یہ سلسلہ اسی طرح جاری رہتے ہوئے تصور کے بعد احساس بن جاتا ہے اور احساس کے اندر جب گہرائی پیدا ہوتی ہے تو نسمہ کی لہروں کے اندر مخفی رنگ نمایاں ہو جاتے ہیں۔ یعنی احساس کے اندر رنگینی واقع ہو جاتی ہے۔ جب احساس کے اندر رنگینی پیدا ہو جاتی ہے تو واہمہ، خیال، تصور اور احساس اپنے پورے خد و خال کے ساتھ مظہر بن جاتا ہے۔

(صفحہ ii پر واہمہ سے مظہر بننے تک کے مرحلے کا تصویری خاکہ دیکھیں)

V

Vājib-ul-Vujūd

The Almighty is the Unseen Treasure, referred to as *Vājib-ul-Vujūd* in the terminology of *Taṣavvuf*.

واجب الوجود

اللہ تعالیٰ چھپا ہوا خزانہ ہے۔ چھپا ہوا خزانہ تصوّف کی زبان میں واجب الوجود ہے۔

Vaqt (time)

Time comes into existence when the rays move from *Nuqtah-i Vaḥdāni* towards *'Ālam-i Mis̱āl*. This is known as one-sided motion. As long as this motion persists, it remains flawless. This perpetual motion extends from eternity to eternity.

وقت

جب نقطہ وحدانی کی شعاعیں عالمِ مثال کی طرف حرکت میں آتی ہیں تو (ٹائم) زماں وقوع میں آتا ہے۔ جسے ہم اکہری حرکت کہتے ہیں۔ حرکت میں جب تک تسلسل ہے اس میں سقم واقع نہیں ہوتا۔ یہ حرکت ازل سے ابد تک جاری رہتی ہے۔

Vurūd

In the terminology of *Taṣavvuf*, the term *Vurūd* refers to the practice of observing the subconscious life with closed eyes or entering the unseen realm and becoming acquainted with it.

ورود

بند آنکھوں سے لاشعوری زندگی کو دیکھنا یا غیب کی دنیا میں داخل ہو کر غیب کی دنیا سے متعارف ہونا تصوّف کی اصطلاح میں "ورود" کہلاتا ہے۔

Y

Yād-Dāsht

If an *'Ārif* wishes to uncover the complete personality of someone from eternity to the end of time, they focus on their subconscious, allowing the qualities of that individual to be revealed in their mind. This is possible only after gaining intimate knowledge of *Anā*, as it is the movement of the human *Anā* that concentrates on the subconscious and brings details into perception. This state has been termed *Yād-Dāsht* by Khwaja Bahauddin Naqshbandi (RA).

یادداشت

اگر عارف ازل سے ابد تک محمود کی پوری شخصیت کا کشف چاہتا ہے تو وہ اپنے شعور کو لاشعور کے اندر مرکوز کر دیتا ہے اور محمود کی صفات عارف کے ذہن میں منتقل ہو جاتی ہیں۔ یہ اس وقت ممکن ہے جب انسان کو اپنی انا کی معرفت حاصل ہو۔ کیونکہ انسانی انا کی حرکت ہی لاشعور میں مرکوز ہو کر لاشعوری روئیداد کو تصوّر میں لاتی ہیں۔ اس ہی کیفیت کو خواجہ بہاؤالدین نقشبندیؒ نے "یادداشت" فرمایا ہے۔

Z

Zakāt

Zakāt is the practice of sincere and selfless service to humanity. It is an attribute of Allah, the Provider. When a person serves humanity with dedication and sincerity, they are engaging in the work that the Sustainer Himself performs. It is universally acknowledged that Allah serves all of His creation.

زکوٰۃ

زکوٰۃ ایک ایسا عمل ہے جس کا منشاء مخلصانہ اور بے لوث خدمت خلق ہے۔ زکوٰۃ اللہ کی اپنی عادت ہے۔ جب بندہ مخلصانہ قدروں میں اللہ کی مخلوق کی خدمت کرتا ہے تو اس کا مفہوم یہ ہے کہ اس نے وہ کام شروع کر دیا ہے جو اللہ تعالیٰ کرتے ہیں۔ سب جانتے ہیں کہ اللہ مخلوق کی خدمت کرتے ہیں۔

Ẓamīr

Just as a beam of *Nūr* flows from the *Nuqtah-i Zāt* to the *Nasmah* and then to the body, another beam flows back from the *Nasmah* to the *Nuqtah-i Zāt,* which then descends toward the manifestation. Within this descent lies a treasure of *ʿIlm-i Ladunnī*. In contrast, when the beam from *Nūr* turns into light, it is termed 'worldly knowledge,' rooted in physical urges and desires. If the knowledge descending from the *Nuqtah-i Zāt* engages consciousness, it gradually dominates the world of *Nasmah*. The *Latīfah Nafsī* becomes enriched with the luminosity of such knowledge and begins to breathe within the rays of radiance. Instead of impure lights, refined rays of subtle brilliance begin to flow towards the *Nuqtah-i Zāt*. Human consciousness acts as a mirror that continuously reflects the image of the lights of *ʿIlm-i Ladunnī*. If a person's mind is a polished, lucid mirror, then cognitive images of conditions can be perceived, whether the eyes are open or closed. The image of *ʿIlm-i Ladunnī* reflected on human consciousness is known as *Ẓamīr* 'conscience.'

ضمیر

جس طرح نقطہ ذات سے نسمہ کی طرف اور نسمہ سے جسم کی طرف نور کی ایک رو بہتی ہے اسی طرح نسمہ سے نقطہ ذات تک ایک رو بہتی ہے جو نقطہ ذات سے مظہر کی طرف نزول کر رہی ہے۔ اس کے اندر علوم لدنیہ کا ذخیرہ ہے۔ اس کے برخلاف نور سے نزول کر کے "رو" جب روشنی بنتی ہے تو اس نزول کو دنیوی علوم کہا جاتا ہے اور یہی علوم جسمانی تقاضوں اور خواہشات پر مبنی ہوتے ہیں۔ اگر نقطہ ذات سے نزول کرنے والے علوم (نورانی لہریں) شعور کے لئے دلچسپی کا باعث ہیں اور شعور ان میں دلچسپی لیتا ہے تو لہروں کا رنگ آہستہ آہستہ نسمہ کی دنیا پر غالب آجاتا ہے۔ لطیفہ نفسی ان علوم کی نورانیت سے معمور ہو کر نور کی شعاعوں میں سانس لینے لگتا ہے اور کثیف روشنیوں کی بجائے چھنی ہوئی لطیف نور کی شعاعیں نقطہ ذات کی طرف بہنے لگتی ہیں۔ انسانی شعور ایک ایسا آئینہ ہے جس میں علوم لدنی کے انوار کا عکس منعکس ہوتا رہتا ہے۔ اگر کسی شخص کا ذہن مجلّہ آئینہ ہے تو بند آنکھوں سے یا کھلی آنکھوں سے حالات کا تصویری عکس نظر آتا ہے۔ انسانی شعور پر علوم لدنی کا عکس "ضمیر" ہے۔

INDEX

THE SUFI
KNOWLEDGE

The spiritual terms in this book are
sourced from
"Lauh-o-Qalam,"
authored by the esteemed
founder of
the Sufi Order Azeemia,
Hazrat Muhammad Azeem Barkhiya,
also known as
Qalandar Baba Auliya (RA).
The definitions for these terms have
been extracted from
"Sharah Lauh-o-Qalam,"
a work based on the
insightful lectures of
Hazrat Khwaja Shamsuddin Azeemi ,
the respected patriarch of the
Sufi Order Azeemia.

اس کتاب میں درج روحانی اصطلاحات
امام سلسلہ عظیمیہ حضرت محمد عظیم برخیاء المعروف
قلندر بابا اولیاءؒ کی کتاب لوح و قلم سے لی گئی ہیں اور
ان اصطلاحات کی تعریف خانوادہ سلسلہ عظیمیہ
حضرت خواجہ شمس الدین عظیمی صاحب کے لیکچرز پر مبنی کتاب
شرح لوح و قلم سے لی گئی ہیں۔

Please provide your valuable feedback only on
slq.feedback@gmail.com

Azeemia Spiritual & Healing Centre Canada

https://www.Azeemia.ca